RAPPORT A L'EMPEREUR

Sur la colonisation

DE MADAGASCAR

RAPPORT

A L'EMPEREUR

SUR LA QUESTION MALGACHE ET LA COLONISATION

DE

MADAGASCAR

PAR

F.-H. BONNAVOY DE PREMOT

Ex-membre de la [illegible] de Madagascar

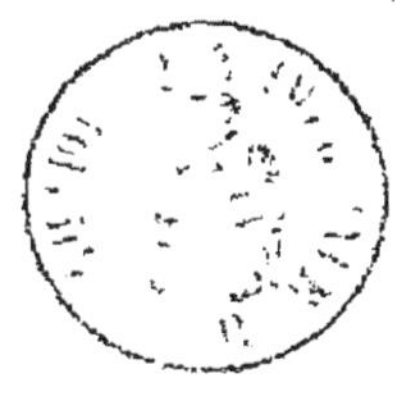

PARIS

IMPRIMERIE DE H. CARION

64, RUE BONAPARTE

1858

INTRODUCTION

« La puissance en arme requiert non-seulement
» que la France soit forte sur la terre, mais aussi
» qu'elle soit puissante sur la mer.

« Il faut être fort pour posséder la mer, jamais un
» grand État ne doit être en état de recevoir une in-
» jure sans pouvoir en prendre revanche.

« Et partant l'Angleterre étant située comme elle
» est, si la France n'était puissante en vaisseaux, elle
» pourrait entreprendre à son préjudice ce que bon
» lui semblerait, sans crainte de retour ; elle pour-
» rait empêcher nos pêcheries, troubler notre com-
» merce ; elle pourrait descendre impunément dans
» nos îles et même sur nos côtes ; sa puissance ma-
» ritime lui ôtant tout lieu de craindre les plus grands
» princes de la terre, *l'ancienne* envie qu'elle a contre
» la France, lui donnerait apparemment lieu de tout
» oser, lorsque notre faiblesse nous ôterait tout moyen
» de rien entreprendre à son préjudice.

« Il sera juste si Votre Majesté est forte à la mer, » ce qui sera raisonnable, sera tel aux Anglais telle- » ment aveuglés en telle matière qu'ils ne con- » naissent d'autre équité que la force.

« La raison d'une bonne politique ne nous permet » pas d'être faible à la mer, mais elle veut que nous » y soyons en état de nous opposer aux desseins » qu'ils pourraient avoir contre nous et de traverser » leurs entreprises.

« Si Votre Majesté est puissante à la mer, la juste » appréhension qu'elle en aura de voir attaquer ses » forces, uniques sources de sa subsistance, la crainte » d'une descente sur ses côtes l'obligera de tenir ses » vaisseaux et ses troupes pour conserver ses posses- » sions. Au moins aura-t-on cet avantage qu'ils ne » lui donnent plus le moyen de troubler ceux de ses » voisins comme elle a fait jusqu'à présent.

» Il semble que la nature ait voulu *offrir l'empire* » *de la mer à la France* par l'avantageuse situa- » tion de ses deux côtes, également pourvues d'ex- » cellents ports aux deux mers, Océan et Méditer- » rannée.

« La seule Bretagne contient les plus beaux qui » soient dans l'Océan; et la Provence qui n'est que » de vingt-huit mille d'étendue, en a beaucoup plus » de grands et d'assurés que l'Espagne et l'Italie en-

» semble. La séparation des États qui forment les
» possessions anglaises en rend la conservation si mal
» aisée, que pour leur donner liaison, l'unique moyen
» qu'ait l'Angleterre, est l'entretennement de grand
» nombre de vaisseaux en l'Océan et en la mer Médi-
» terrannée qui, par leur trajet continuel, réunissent
» en quelque façon les membres à leur chef, portent
» et rapportent les choses nécessaires à leur subsis-
» tance, comme les ordres de ce qui doit être entre-
» pris, les chefs pour les commander, les soldats
» pour exécuter, *l'argent qui est non-seulement le*
» *nerf de la guerre, mais aussi la graisse de la*
» *paix*; d'où il s'en suit, que si l'on empêche la li-
» berté de tels trajets, cet état qui ne peut subsister
» de lui-même, ne saurait éviter la confusion, la
» faiblesse et toutes les désolations dont Dieu me-
» nace un royaume divisé. Or, comme les côtes de la
» Manche servent de barrière à l'Angleterre, en Eu-
» rope, la Providence veut aussi que nos colonies se
» dressent en face de ses possessions dans la mer
» des Indes-Orientales, afin de faire un contre-poids
» à sa toute-puissance maritime dans l'intérêt du
» monde entier et sans pour cela avoir l'intention de
» lui faire du mal. Au moins faut-il être en état de
» refrener son ambition et au besoin lui donner un
» contre-coup si près du cœur, quand elle voudrait

» faire quelques entreprises sur la France, que leurs » bras n'aient plus assez de force pour intenter de » malicieux desseins contre elle.

» Cette puissance coloniale et maritime ne tiendra » pas seulement l'Angleterre en bride, mais elle fera » que les alliés de la France, qui sont si éloignés d'elle » qu'on ne peut avoir communication avec eux que » par la mer, si elle était dénuée des moyens néces- » saires pour les secourir en certaines occasions, il » serait aisé aux envieux du bonheur des uns et des » autres, de mettre *la même division entre les* » *esprits, qu'il y en a entre les Etats* ; au lieu que si » ses forces maritimes sont considérables, quoique » divisées, quant au lieu, ils demeureront unis de » cœur et d'affection à cet empire; les puissances » seront plus soigneuses qu'elles n'ont été jusqu'à » présent, d'entretenir les traités faits avec eux.

» En un mot, la France avec sa puissance mari- » time, saura faire respecter ses possessions ; sa puis- » sance, son commerce, ses nationaux et ses alliés.

» C'est un dire commun, mais véritable, qu'ainsi » que les Etats augmentent leur étendue par la guerre, » ils s'enrichissent ordinairement dans la paix par le » commerce.

» L'opulence des Hollandais qui, à proprement » parler, ne sont qu'une poignée de gens réduits à un

» coin de terre qu'ils disputent à l'Océan, est un
» exemple et une preuve de l'utilité du commerce qui
» ne reçoit point de contestations.

» L'Angleterre, par son trafic en toutes les parties
» du monde, a acquis une centaine de millions de su-
» jets; sa richesse et sa puissance surpassent celles
» des autres Etats.

» La seule France pour être abondante en elle-
» même, à jusqu'à présent négligé le commerce, bien
» qu'elle puisse le faire aussi commodément que ses
» voisins, et se prive, par ce moyen de l'assistance
» qu'ils ne lui donnent en cette occasion qu'à ses
» propres dépens.

» Le commerce nous est d'autant plus aisé que nous
» avons un grand nombre de matelots qui, jusqu'à
» présent, ont été chercher emploi chez nos voisins
» pour n'en pas trouver en leur pays. Mais ayant de
» quoi occuper nos mariniers, au lieu d'être con-
» traints de fortifier nos concurrents en nous affai-
» blissant, nous pourrions porter aux étrangers ce
» qu'ils nous ont apporté jusqu'à présent par le moyen
» des nôtres qui les servent.

» La France est si fertile en blé, si abondante en
» vin, et si remplie de lin et de chanvre pour faire
» des toiles et cordages nécessaires à la navigation,

» que l'Angleterre et tous les autres Etats voisins ont
» besoin d'y avoir recours.

» Et pourvu que nous sachions bien nous aider des
» avantages que la nature nous a procuré, nous tire-
» ront l'argent de ceux qui voudront nos marchan-
» dises qui leur sont si nécessaires, et nous ne nous
» chargerons pas beaucoup de leurs denrées qui nous
» sont si peu utiles. La France est assez industrieuse
» pour se passer si elle veut des meilleurs produits
» manufacturés de ses voisins ; elle doit s'attacher
» solidement à celui qui peut augmenter notre abon-
» dance et occuper nos marins, de telle sorte que nos
» voisins ne se prévalent pas de nos travaux à leurs
» dépens.

« Il est certain que nous ne pouvons nous passer
» des produits exotiques, si nous n'allons les quérir.
» les étrangers nous les apportent et tirent par ce
» moyen le profit que nous pourrions faire nous-
» mêmes, en outre du numéraire qu'ils emportent.

« Quelque utilité que puisse être le commerce des
» deux mers, jamais les Français ne s'y attacheront
» avec ardeur si on ne leur fait voir les moyens aussi
» aisés que la fin en est utile.

« Outre le profit des particuliers, l'Etat recevra
» grand avantage ; les marchands se trouveront par
» le nombre de leurs vaisseaux, en état d'assister le

» royaume, s'il en est besoin, ainsi qu'il se pratique
» en Angleterre, sans lesquels il ne serait pas si puis-
» sant qu'il est sur mer.

« Il n'y a point d'Etats en Europe plus propre à
» construire des vaisseaux que la France. Les ma-
» tières premières y sont abondantes, les ouvriers y
» sont nombreux, et nos fleuves sont commodes pour
» les chantiers de construction que justifie cette pro-
» position.

« Tout démontre l'indispensable utilité de favo-
» riser le commerce maritime et surtout celui au long
» cours. Pour cela, il faudrait faire de bons établisse-
» ments coloniaux ; il faudrait envoyer plusieurs
» vaisseaux, commandés par des personnes de condi-
» tion prudentes et sages, avec patentes et pouvoirs
» nécessaires pour traiter avec les princes, et faire
» alliance avec les peuples de toutes les côtes, ainsi
» qu'ont fait les Portugais, les Anglais et les Fla-
» mands. Ce dessein réussirait infailliblement, ce qui
» peut se faire aisément ; la France ajoutera dans peu
» de temps à son abondance naturelle, ce que le com-
» merce apporte aux pays les plus stériles. »

RICHELIEU.

Testament politique.

> Examinons combien vous avez de vaisseaux et de matelots ; c'est par là qu'il faut juger de votre puissance. *Telemaque*, livre XII.
>
> Le commerce est la chose la plus utile à un Etat. *Esprit des lois*, liv. XXI, ch. 15.
>
> L'objet des colonies est de faire le commerce à de meilleures conditions qu'on ne le fait, avec les peuples voisins, avec lesquels tous les avantages sont réciproques.
> *Idem*, liv. XXI, ch. 21.

SIRE,

La France ne possède aucune colonie maritime dont l'importance soit en rapport avec sa grandeur nationale, son industrie, son commerce; sa politique extérieure et les besoins qui naissent de sa population rendent de jour en jour plus nécessaire un grand établissement de cette nature.

Jamais ce besoin n'a été aussi vivement senti qu'aujourd'hui : l'intérêt de l'État et l'intérêt privé se réunissent pour appeler l'attention de Votre Majesté sur cette importante question.

La colonisation peut seule résoudre, en effet, le grand problème de notre prospérité nationale, en permettant au pays d'utiliser le surcroît de sa population et d'assurer l'écoulement avantageux de l'excédant de ses produits.

Travailler à cette entreprise, c'est travailler à la prospérité de l'Empire; c'est procurer le bien-être aux classes nécessiteuses, c'est assurer à tous le bonheur et la paix par le travail.

Les colonies maritimes sont le complément naturel et nécessaire de toute nation commerçante; elles favorisent le développement du commerce et de l'industrie; elles augmentent la richesse nationale, en permettant à la métropole de conserver le numéraire qui serait employé à faire des achats à l'étranger. Elles créent de nouveaux débouchés aux manufactures, souvent trop productives, et qui, faute de pouvoir écouler leurs produits, sont forcées de modérer leur activité, et, par le fait, un grand nombre de travailleurs sont en proie à l'oisiveté et à la misère.

Elles sont indispensables à l'existence de la marine en fournissant un but à son activité et en développant de nombreuses vocations maritimes; enfin, elles offrent des moyens d'existence à une foule de gens qui manquent souvent du nécessaire, et permettent à une grande nation de propager pacifiquement son influence et sa civilisation.

« En regardant sur les vieilles cartes l'étendue des » anciennes colonies françaises en Amérique, M. de » Châteaubriand se demandait comment le gouverne- » ment de son pays avait pu laisser périr ces colonies, » qui seraient aujourd'hui pour nous une source inépui- » sable de prospérité; le pays de la nouvelle France » compris entre l'Atlantique au nord-est, la mer Po- » laire au nord, l'océan Pacifique et les possessions » russes au nord-ouest, le golfe mexicain au midi, » c'est-à-dire plus des deux tiers de l'Amérique sep- » tentrionale, reconnaîtraient les lois de la France. » *La manie de s'en tenir au passé*, manie qu'il » n'a cessé de combattre, *l'immobilité politique est* » *impossible* : force est d'avancer avec l'intelligence » humaine.

» Nous possédions outre-mer de vastes contrées;

» elles offraient un asile à l'excédant de notre population, un marché à notre commerce, un aliment à notre marine. Nous sommes exclus du nouvel univers où le genre humain recommence; les langues anglaise, portugaise, espagnole servent en Afrique, en Asie et dans l'Océanie, dans les îles de la mer du sud, sur le continent des deux Amériques, à l'interprétation de la pensée de plusieurs millions d'hommes; et nous, déshérités des conquêtes de notre courage et de notre génie, à peine entendons-nous parler, dans quelques bourgades de la Louisiane et du Canada, sous une domination étrangère, la langue de Colbert et de Louis XIV; elle n'y reste que comme un témoin *des revers de notre fortune et des fautes de notre politique* (1). »

Les colonies maritimes sont d'une impérieuse nécessité à la prospérité commerciale de la France. L'Anglais peut faire le tour du monde, n'importe dans quel parage; s'il a besoin d'attérir, il aura toujours le pavillon de sa patrie à l'ombre duquel il trouvera secours et sécurité; tandis que nous, la nation civilisée par excellence, nous sommes à la merci des éléments et de nos envieux voisins.

Pas de colonies maritimes, pas de commerce au long cours; pourtant « elles procureraient à la France une grande navigation, c'est-à-dire une grande puissance : les marchandises nouvelles augmenteraient le commerce intérieur, elles favoriseraient les arts, entretiendraient l'industrie; le nombre de citoyens se multiplierait à proportion des nouveaux moyens qu'ils auraient de vivre, que ce nouveau commerce produirait le luxe si nécessaire à l'industrie (2).

Quel autre remède opposer, en effet, à cet état de

(1) *Mémoires d'outre tombe*, t. II, p. 267.
(2) *Esprit des lois*, liv. XXI, ch. XVI.

gêne où languissent, chez nous, le commerce et l'industrie? Quel autre encouragement donner à notre marine? Quel but plus honorable proposer à l'inquiète et stérile activité de ces milliers d'hommes sans occupation que la misère transforme si vite en soldats des révolutions?

La France avait de grandes et magnifiques colonies; elle n'a plus aujourd'hui que quelques petites îles disséminées dans l'Océan, points presque imperceptibles à côté des immenses possessions des autres nations maritimes. Elle ne possède plus un seul port de relâche dans la mer des Indes, ce grand théâtre de la gloire de nos pères, ce vaste champ de l'activité commerciale des peuples européens. Qu'est-il résulté de cet état de choses? Nous sommes devenus les tributaires des autres puissances maritimes pour les produits dont nous avons besoin pour notre industrie et notre commerce, qu'elles nous vendent à d'onéreuses conditions; puis nos navires sont obligés d'aller se réparer à grands frais chez les Anglais.

Telle est la situation présente; elle nous place sous la dépendance des autres nations qui, d'alliées, peuvent devenir ennemies. Que deviendraient notre commerce et notre marine?

Un pareil état de choses est manifestement contraire aux intérêts du pays; il est surtout préjudiciable au commerce maritime; s'il se prolongeait davantage, ne pourrait-il pas autoriser à croire que la France ne comprend pas le rôle important que joue dans l'économie sociale la navigation au long cours? qui est cependant la preuve la plus évidente de la puissance d'un pays comme le nôtre, baigné par les deux mers.

« L'effet du commerce sont les richesses (1), la

(1) *Esprit des lois*, liv. XXI, ch. XIV.

» suite des richesses le luxe, et celle du luxe la perfection des arts. Il est difficile qu'un État n'ait des choses superflues; mais c'est la nature du commerce de rendre les choses superflues utiles, et les utiles nécessaires au plus grand nombre de sujets (1).

» Le commerce que nous faisons avec l'étranger nous oblige d'exporter notre argent; c'est une des raisons de sa rareté chez nous causé par le transport continuel qui s'en fait. Si les marchandises importées se vendent avec de grands bénéfices, ce profit du commerce français se fait sur les Français même et n'enrichit pas la France (2).

» L'objet des colonies est de faire le commerce à de meilleures conditions qu'on ne le fait avec les peuples voisins, avec lesquels tous les avantages sont réciproques (3). »

La navigation met en contact tous les peuples par le commerce. Telle est la voie par où s'écoule la surabondance des produits agricoles et industriels; elle est l'origine de la richesse et de la force des nations anciennes et modernes.

Est-il besoin de citer des exemples? C'est par la navigation au long cours que les Carthaginois, dignes de leurs pères, les Phéniciens, ont acquis une si grande renommée dans l'antiquité. Les Vénitiens et les Génois au moyen âge, les Portugais, les Espagnols et les Hollandais sont devenus si puissants à l'époque de la Renaissance; enfin, l'Angleterre, la France et l'Amérique (dont l'émancipation a été la perte de nos colonies), sont évidemment la preuve la plus certaine de l'heureuse influence que la navigation et la colonisation ont eu sur les différentes nations. Il ne faut

(1) Esprit des lois, liv. XXI, ch. XXI.
(2) Idem. liv. XXI, ch. XVI.
(3) Idem., liv. XXI, ch. XXI.

point attribuer à d'autre cause leur prospérité actuelle, surtout la Grande-Bretagne, avec une population bien moindre que la nôtre et un pays moins favorisé, est parvenue à cet état de prospérité qui excite l'envie des autres peuples.

C'est par là qu'elle est devenue la dominatrice des mers. Le moindre démêlé dans le monde est soumis à son arbitrage, et, soit qu'elle jette sa parole, son or ou son épée dans la balance des destinées des États, elle la fait pencher au gré de sa volonté.

« Le trident de Neptune est le sceptre du monde, » a dit le poëte. « L'empire de la mer a toujours donné » aux peuples qui l'ont possédé une fierté naturelle, » parce que, se sentant capable d'insulter partout, » ils croient que leur pouvoir n'a pas plus de bornes » que l'Océan (1). »

Le secret de la politique anglaise consiste à coloniser et à envahir des pays nouveaux, afin de créer des consommateurs qui fassent refluer chez elle la richesse des peuples colonisés.

Colonisons et nous ferons une active concurrence à l'industrie et à la prépondérance de nos voisins; nous neutraliserons leur influence et nous relèverons notre commerce et notre marine de leur état précaire.

Depuis longtemps agitée par les luttes des partis, la France ne pouvait sérieusement s'occuper des moyens propres à protéger ou à étendre son commerce; mais aujourd'hui que le calme intérieur a reparu, tous nos efforts doivent tendre vers la voie nouvelle où notre commerce et notre industrie nous obligent à marcher.

La paix va donner un calme durable à l'Europe, pour ne pas dire au monde entier. Le gouvernement

(1) Esprit des lois, liv. XIX, ch. XXVII.

de votre Majesté saura efficacement en profiter pour avantager les intérêts du commerce maritime si étroitement lié à la prospérité de la France. A l'ombre de la paix, votre gouvernement pourra s'occuper du sort des gouvernés, donner tous ses soins et porter son attention sur l'agriculture, le commerce et particulièrement le commerce au long cours, qui sont autant de moyens propres à améliorer le sort du peuple dont la Providence vous a fait le chef.

Sire, un grand prince comprend les grandes choses ; votre Majesté appréciera toute l'influence qu'exercerait sur les destinées de la France, la possession d'une grande colonie maritime dont elle a besoin pour les raisons que j'ai décrit plus haut. Je conclus avec Montesquieu « qu'une nation qui est dans *la servi-* » *tude, travaille plus à conserver qu'à acquérir* ; un » peuple *libre, travaille plus à acquérir qu'à con-* » *server.* » L'essor que prendra le commerce sous l'impulsion du gouvernement de Votre Majesté, sera la preuve la plus évidente de la liberté du peuple français.

CHAPITRE PREMIER

La terre ne demande ici qu'à enrichir les habitants, mais les habitants manquent à la terre, prenons donc tous les artisans superflus qui sont dans les villes, et dont les métiers ne servent qu'à dérégler les mœurs, pour leur faire cultiver la terre, il faut la partager entre eux et appeler à leur secours les indigènes, qui feront sous eux le plus rude travail.

Telemaque, liv. XII.

Madagascar, l'une des plus grandes îles du monde, réunit toutes les conditions désirables pour un établissement de cette importance. Sa position géographique, son étendue, les richesses de son sol et la variété de ses produits lui assure d'immenses avantages commerciaux.

Cette grande île, située parallèlement à la côte occidentale d'Afrique, dont elle est séparée par le canal Mozambique, large de 87 lieues à 3,380 lieues du port de Brest ; à 150 lieues de notre colonie de la Réunion qui ne pourrait subsister sans elle ; sur la route de la Chine, de l'Inde, de l'Australie ; à proximité de l'Afrique orientale, du cap de Bonne-Espérance, de la mer Rouge, de l'Arabie et du golfe Persique ; elle est appelée, par sa position, à être un

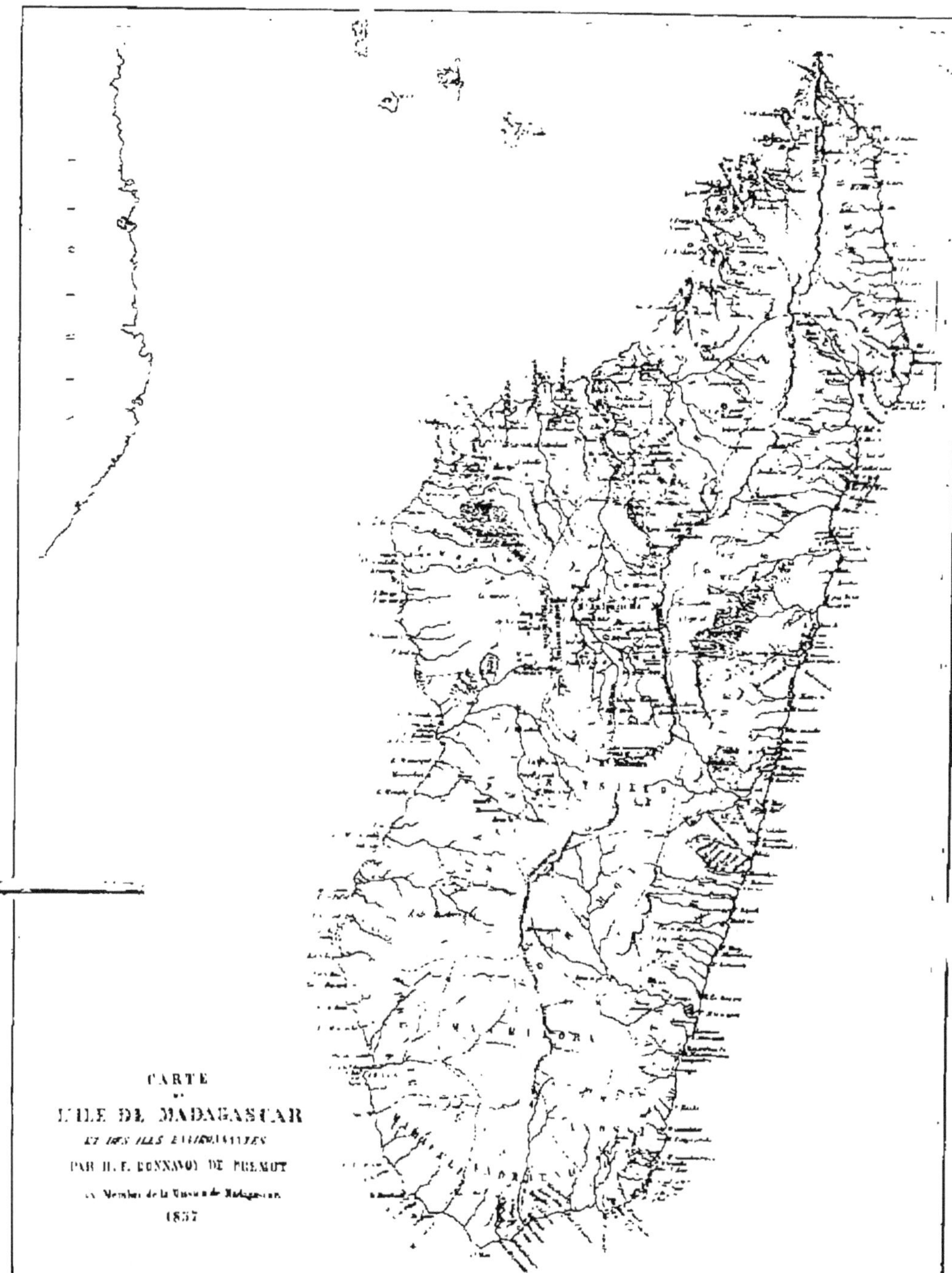
CARTE
L'ILE DE MADAGASCAR
1857

grand lieu d'entrepôt commercial, de relâche et de ravitaillement.

Sa plus grande longueur est de 350 lieues, sur une largeur moyenne de 105 lieues ; ses côtes ont un développement de 950 lieues environ, sur lesquelles se trouvent vingt-huit ports naturels, dont dix peuvent être comparés aux plus beaux du monde. On évalue la surface de l'île à plus de 100,000 kilomètres carrés. Un historien de Madagascar. Rochon, estime que les terres propres à la culture dépassent le chiffre de 100,000,000 d'hectares. Vingt-cinq cours d'eau, presque tous navigables jusqu'à une certaine hauteur, descendent des montagnes centrales à la mer ; les autres moins considérables, peuvent être canalisés et ils sont infiniment nombreux. Il résulte de l'ensemble des informations dont Madagascar a été le sujet, que cette île doit être considérée comme un immense massif, formant un vaste plateau traversé par des chaînes de montagnes, s'étageant par terrasses successives et descendant en pente douce vers la mer.

Les richesses de son sol, sa végétation, ses productions animales, végétales et minérales en font un des pays les plus privilégiés du monde. La terre est d'une admirable fertilité ; elle produit presque sans culture toutes les denrées alimentaires qui croissent dans les autres contrées du monde. Son sol est couvert de nombreuses forêts en essences magnifiques et précieuses. Les arbres y atteignent les plus grandes dimensions, et on y trouve les espèces les plus utiles aux constructions navales, aux arts et à la vie.

On ne connaît, du reste, que très-sommairement tous les trésors que renferment les forêts de cette riche contrée ; elles sont, selon l'expression d'un célèbre naturaliste (Commerson), le livre dont le sceau n'a pas été rompu par les explorateurs.

Il y existe des mines d'or et d'argent. On y trouve

des grenats, des amethistes, des opales, des agates noires. Le cristal de roche y est en morceaux d'une beauté extraordinaire. Un européen qui a visité Madagascar, Fresange, donne jusqu'à six ou sept mètres de circonférence aux blocs qu'il a vus dans cette île.

La houille est employée comme combustible par les forgerons dans la province d'Ankova. M. Guillain, officier de la marine de l'Etat, a acquis la certitude qu'il existe en Milanza, au sud d'Amboioutsoussi (province de l'Amibongou), à douze lieues de la côte près du lac Salé, un lit de bitume qu'on estime d'une étendue de cent hectares. L'amiral Février des Pointes a fait analyser ce bitume soluble dans l'essence de thérébenthine, a donné 60 parties pures et 40 de fragments végétals. La qualité est estimée à l'égal de celui de Dax et de Basteme. Les Sakalaves l'appellent sakoupa ; moi-même, pendant mon séjour à Nossi-Bé, j'ai reçu d'un Antalotz, nommé Amoudou, des échantillons de cette matière ; elle est de couleur noirâtre ; quand on la manie le matin, elle est dure et cassante ; elle se ramollit à la chaleur du soleil ; les lits en sont à fleur de sol ou seulement recouvert d'une légère couche de terre. Les Antalotz l'emploient, en la mêlant à la gomme, résine élémi, à calfater leurs bateaux (1).

L'existence de ces lits de bitume en Milandza, à proximité de la côte ouest de Madagascar, est un fait du plus haut intérêt ; car, outre l'utilité de cette subtance pour couvertures, travaux hydrauliques, dalles, terrasses, on est conduit à admettre, d'après l'opinion qui la considère comme provenant de la décomposition de la houille, la coexistence probable de formation houillère dans les couches inférieures

(1) Rapport du commandant Guillain.

des terrains environnants. Le fait n'est pas douteux pour d'autres provinces de l'île.

L'existence de gisements houilliers à Madagascar est un fait assuré; et tout dernièrement encore à l'école des mines, j'avais entre les mains des échantillons de lignites provenant de Bavatou-Bé et d'Angadouka (1), découvertes par M. Jeanet, colon de Nossibé, ancien élève de la marine royale; c'est un grand service qu'il a rendu à son pays et qui prouve une fois de plus la richesse du sol malgache.

Madagascar produit encore en abondance toutes les matières propres à bâtir; le granit, le grès, le marbre, la pierre calcaire, le gyspe et différents argiles à poterie et briqueterie; le kaolin s'y trouve aussi. On y trouve dans les parties orientales et vers les côtes, des bancs de sel gemme, et on y a observé des pyrites, contenant une grande quantité de souffre.

Le nitre, appelé siratané (sel de terre), se montre souvent à la surface des escarpements.

L'île renferme les animaux les plus utiles à l'homme. Les bœufs sauvages ou domestiques sont la principale richesse actuelle de Madagascar; ce sont des zébus ou bœufs à bosse de graisse; il y en a beaucoup qui pèsent 400 kilogrammes. Les colonies de la Réunion et de Maurice tirent tous leurs approvisionnements en ce genre de l'île de Madagascar : leur *existence dépendra toujours* des possesseurs de la grande terre malgache. On trouve, en outre, et en très-grande quantité, des moutons, des chèvres infiniment fécondes, des porcs et des sangliers, des chiens et des chats, des coqs, des poules tant sauvages que réduits à la domesticité; dindes, canards, pigeons, sarcelles, pintades, coqs de bruyères, fai-

(1) Extrait des registres des bureaux d'essais pour les substances minérales, numéro 1657, en 1854.

sans, etc.; le gibier de toutes sortes y est très-abondant.

On reconnaît à Madagascar plusieurs espèces indigènes de vers à soie. Ce produit, l'un des plus intéressants du pays, pourrait facilement y devenir une source de richesses s'il était exploité avec intelligence. Une de ces espèces vit indifféremment sur tous les arbres; ce ver diffère de celui qu'on élève en France par les longs poils dont son corps est garni; il donne une soie très-belle et très-fine, et est extrêmement commun dans les bois; les Malgaches le nourrissent avec de la farine de manioc, et obtiennent, par ce moyen, une soie plus belle et plus abondante. Ils emploient aussi au même usage les feuilles d'un arbrisseau appelé ambaravatsi.

Dans la contrée des Andraïvoulas, on n'élève point les vers à soie; ce produit est tellement abondant, que leurs cocons sont recueillis dans les bois, où ces vers vivent à l'état sauvage. Dans la province de Fernaï, il existe plusieurs espèces de vers, dont l'un nommé looko, donne un cocon fort gros et une soie très-forte; on l'emploie au tissage des pagnes. Parmi les autres espèces, il en est une qui donne une très-belle soie blanche; les indigènes la désignent sous le nom de *landé* (blanc).

Les côtes, les rivières et les lacs de Madagascar fourmillent de poissons. Aux variétés alimentaires d'Europe, que l'on y trouve communément, il faut ajouter une grande quantité d'autres espèces inconnues dans nos climats. La baleine, le cachalot et le souffleur fréquentent ces parages; les Américains y font des pêches abondantes, et depuis longtemps les indigènes du littoral se livrent à la pêche des baleines. Outre l'huître à manger sur ses côtes, l'huître perlière y pullule, et les perles sont très-belles

Le climat de cette grande île, si favorisée de la

nature, est généralement agréable, quoique chaud. L'expérience a fait justice de l'assertion qui représentait Madagascar comme la patrie de la fièvre et le tombeau des Européens. L'insalubrité reprochée à l'île entière n'existe que dans les endroits marécageux; lorsqu'on s'éloigne des plages, on trouve un climat sain; vers le centre et sur les plateaux, la température peut être comparée à celle du midi de la France; les habitants des côtes ont une température élevée, tandis que ceux des provinces d'Ankova, des Betsilos, des Vourimes, des Antsianaks jouissent d'une température généralement douce et quelquefois très-fraîche; les cîmes des montagnes centrales blanchissent.

L'année est divisée en deux saisons, ainsi que dans la plupart des contrées intertropicales : l'une, la saison sèche ou la bonne saison, commence en mai et finit vers le milieu de décembre; l'autre, la saison pluvieuse, la mauvaise saison ou l'hivernage, commence vers la fin de décembre et dure jusqu'à la fin d'avril. C'est pendant cette dernière période que le climat est le plus malsain dans les endroits marécageux de la côte Est.

Des peuplades, plus ou moins nombreuses se partagent le sol de l'île; elles sont le résultat des mélanges de plusieurs races différentes; mais pour la plupart, elles présentent les races distinctives de l'Afrique et de l'Asie. D'après les plus fidèles renseignements, la population de l'île est de 4 à 5 millions d'habitants.

Les Malgaches sont d'adroits imitateurs. Parmi leurs tribus, quelques-unes ont acquis une certaine habileté relative dans la construction des barques ou pirogues et dans le travail du fer et des métaux, le tissage des étoffes, etc. Ils sont, en général, intelligents, hospitaliers, et tiennent à honneur la sympathie qu'ils portent aux Français.

Une seule langue est parlée dans toute l'étendue de l'île ; les caractères de l'alphabet français sont employés exclusivement pour l'écriture de la langue ova.

L'étendue et la fertilité de Madagascar sont telles, que 60 millions d'habitants pourraient y vivre dans l'abondance, et cependant la superstition qui commande d'immoler les enfants qui naissent sous de fâcheux pronostics, joints aux guerres civiles, n'ont laissé sur cette terre si féconde que ces quelques millions d'âmes.

Telle est Madagascar avec ses fleuves, ses ports, son vaste développement de côtes et par-dessus tout, son admirable position géographique, qui en fait la clef de l'Océan indien, commandant le passage entre l'Afrique et la mer des Indes, sentinelle surveillant la mer Rouge, le golfe Persique et l'hémisphère australe.

Que la civilisation lui soit apportée, elle surpassera les plus riches contrées les plus favorisées du monde.

Ne serait-ce point, Sire, faire injure à la Providence que de refuser un trésor qu'elle nous a conservé pour ainsi dire, malgré notre apathie, malgré la convoitise de l'Angleterre. Non-seulement les vœux des indigènes nous y appellent, mais encore les droits imprescriptibles que nous ont transmis leurs ancêtres et les rois vos prédécesseurs.

CHAPITRE II.

> Tout ce que la France saisit d'une volonté ferme lui reste, il n'y a que Dieu qui puisse lui faire ouvrir la main.
> (Châteaubriant Congrès de Vérone, p. 98.)

Les droits de la France sur la grande île de Madagascar résultent de la découverte par les Français d'une grande partie de ce pays et d'une possession partielle, il est vrai, mais qui ne présente aucune interruption depuis 1612 jusqu'à ce jour. A l'exclusion de toute autre puissance, la France a seule fondé à divers époques, des établissements à Madagascar et a obtenu des indigènes de vastes concessions de terrains d'abord, puis la reconnaissance de sa souveraineté.

Il serait donc injuste de restreindre à quelques points seulement de la côte orientale, notre droit d'occupation et de méconnaître le principe d'une possession complète et continue, conforme au droit des gens européen, tel en un mot que le reconnaît l'Angleterre elle-même pour ses possessions australiennes.

Qu'il me soit permis, Sire, sans avoir l'intention de faire l'histoire de Madagascar, dindiquer les dates de la fondation de plusieurs établissements français dans cette île et celles d'obédience, de vassalité et de cession de territoires faits à la France, cessions qui établissent ses droits à la possession de la grande île africaine, appelée par nos ancêtres, la France orientale.

« En 1500, Paulmier de Gonneville, au nom de » quelques marchands de Normandie, doubla le Cap » de Bonne-Espérance et découvrit un monde austral » (Madagascar), qu'il nomma Inde-Méridionale. Les » Français, peu soucieux de la gloire d'une telle dé- » couverte, en laissèrent tout l'honneur aux étran- » gers. Ce fut en ce temps que des Normands firent » des établissements sur la côte occidentale de l'A- » frique, avant qu'elle fut connue des Portugais. On » l'ignorerait encore, si le Père Labat n'avait fouillé » dans les ruines où ce fait était enseveli (1). »

En 1506, Fernand Suarez fit aussi la découverte de Madagascar, le jour de Saint-Laurent, d'où elle prit son nom. Il crut être le premier et s'en attribua le mérite.

En 1612, premier établissement français sur la côte orientale, à Tholongar.

En 1635, le pavillon français y est officiellement arboré, et Tholongar prend le nom de Fort-Dauphin.

En 1642, le capitaine de marine, Rigault, se met à la tête d'une compagnie qu'il fonde à Lorient sous le patronage de Richelieu. Il reçoit le 24 juin des lettres patentes.

En 1642, établissement à Sainte-Lucie.

En 1643, des postes de traites furent créés successivement à Sainte-Marie, à la baie d'Anton-Gil, au nom du roi et de la Compagnie.

En 1643, 20 septembre, confirmation des lettres patentes du capitaine Rigault. L'édit de Louis XIV

(1) *Le politique indien*, 1768, bibliothèque impériale.

accorde à la Compagnie la concession de Madagascar et des îles adjacentes, et d'en prendre possession au nom de Sa Majesté très-chrétienne.

En 1644, création des postes de Fénérif et Manaar.

En 1646, vingt-deux Français sortent du Fort-Dauphin et vont s'établir à la baie de Saint-Augustin, où ils bâtissent un fort pour protéger leur poste.

En 1648, arrivée de Flacourt, le 4 décembre, et nouvelle prise de possession de l'île au nom du roi de France.

Les nations qui sont à l'égard de tout l'univers ce que les particuliers sont dans un état se gouverne comme eux par le droit naturel et par les lois qu'elles se sont faites. — Un peuple peut céder à un autre la mer comme il peut céder la terre.

Esprit des lois, liv. XXI, ch. XXI.

En 1649, le 16 juin, les princes d'Anossi, Carcanossi, vinrent se soumettre au Fort-Dauphin. Dian Machicore et sa femme, fille de Dian Ramace, reconnurent Louis de Bourbon pour leur seigneur et maître, abandonnant tout ce qu'ils avaient, pourvu qu'ils aient la vie sauve. Son frère prêta avec eux le même serment, et paya son tribu de 200 bœufs et 100 gros d'or.

En 1652, le 9 septembre, Dian Paulahe et sa mère firent leur soumission comme Dian Machicore; ils remirent tous leurs armes et reconnurent être sur le sol français, demandant la permission de l'habiter et de le cultiver. Le même jour, Tseroge fit le même accord et paya 50 gros d'or, 300 bœufs, ainsi que Dian Tsidé; il vint au fort avec les principaux chefs, qui firent également leur soumission et se reconnurent sujets français.

En 1654, prise de possession de l'île de Mascarègne, sous le nom d'île Bourbon.

En 1655, le 14 janvier, les princes de la province d'Amboule et de Machicore, Dian Matove d'Iscondre, et Dian Manari, fils de Dian Raval, vinrent renouveler leur soumission, comme l'avaient fait les grands du sud de l'île des provinces du Fereuaïe et de Saint-Augustin.

Toute la partie sud était soumise à la France en 1652.

En 1664, nouvelle société orientale créée à Paris, sous le patronage de Colbert, au capital de 15 millions, autorisée par un édit d'août 1664, dont il faut remarquer les termes de l'article 29, ainsi conçu : « Nous avons donné, concédé et octroyé, concédons et octroyons à ladite Compagnie l'île de Madagascar. »

1665, 1er juillet, édit qui corrobore l'édit précédent ; on y remarque le passage suivant relatif aux droits de la France : « *Nous, étant le seul qui ait présen-» tement à Madagascar des forteresses et des habi-» tations.* »

En 1665, le 11 juillet, M. de Rennefort, secrétaire d'État, prit possession de l'île au nom du roi Louis XIV et pour le compte de la compagnie orientale. M. de Roussé fut nommé gouverneur général pour le roi ; il reçut le grand sceau qui représentait le roi revêtu de tous les insignes de la royauté, avec la légende suivante : « Ludovici XIV, Francici et Na-» varræ regis sigillum ad usum supremi conselii Gal-» liæ orientalis. »

En 1667, le 11 mars, M. de Mondevergue se fait reconnaître gouverneur général de la compagnie orientale.

1168, le roi donne à la compagnie 2 millions.

1669, le comte de Mondevergue débarque au Fort-Dauphin en qualité de vice-roi.

1670, le 4 décembre, l'amiral de l'Haire prend possession de l'île au nom du roi.

En 1678, la Compagnie fait remise de ses droits entre les mains du roi.

1686, un arrêt du conseil d'État, du 4 juin, réunit définitivement Madagascar à la couronne (terme de l'arrêt).

1717, mai, 1719 juillet, 1722 et juin 1725, nouveaux édits confirmatifs.

En 1732, l'ingénieur de Cossigny explore la baie d'Anton-Gil. De 1746 à 1750, Mahé de la Bourdonnais y répare sa flotte du dommage que l'ouragan du 6 avril avait fait à son armée navale ; il trouva à Madagascar les bois pour mater et réparer ses vaisseaux et des vivres pour ses équipages ; puis il partit pour aller battre les Anglais dans l'Inde.

1740, le 30 juillet, Béti, fille de Tsimelo, dernier roi de Foulpointe, cède tous ses droits sur la côte-est, depuis le 18° 50' de latitude méridionale, en remontant vers le nord jusqu'à la baie d'Anton-Gil, située par 16° de la même latitude, ainsi que les îles de la même côte.

1758, le gouverneur de l'île de France(Dumas), réserve pour le compte du roi le privilége du commerce sur toute la côte est.

1759, l'escadre du comte d'Aché, composée de 11 vaisseaux, s'approvisionne abondamment à Foulpointe ; il en fut de même lorsque le marquis de Suffren alla faire sa mémorable campagne de l'Inde.

1761, les établissements français occupaient la côte orientale dans sa plus grande étendue, depuis le Fort-Dauphin jusqu'à la baie d'Anton-Gil.

1767, le gouvernement français fait de Foulpointe le centre de ses opérations.

1768, le comte de Mondave est chargé de relever le Fort-Dauphin, et y établit une nouvelle colonie.

1774, le 14 février, le comte Benyowski prend possession de la baie d'Anton-Gil, y fonde Louis-

Bourg. Tous les chefs se rendent auprès de lui et prêtent serment de fidélité à la France.

1774, des postes de traites sont créés à Angontsi, Tamatave, Antsirah, à l'île Marousse, etc. Un grand chemin est ouvert à travers l'île, partant d'Anton-Gil (sur la côte orientale), allant aboutir au port de Bombe-Tok (côte nord-ouest.)

1776, le 16 septembre, Ra-Fangort, chef de la nation des Sambarivou, cède ses droits sur la province de Manaar, depuis le 16° jusqu'au 15° 30'.

1776, Benyowski vint en France ; il eut à Versailles une longue conférence avec le roi ; il se justifia des imputations fâcheuses qui compromettaient son honneur. Après avoir protesté de son dévouement au roi, Sa Majesté lui donna une épée d'honneur.

1786, le 23 mai, mourut (d'une balle), le comte polonais Benyowski, lorsqu'il chargeait un canon contre les soldats de la France, commandés par M. de Soulliac, envoyé par l'autorité pour le déposséder de son gouvernement de Madagascar dans lequel il s'était rendu indépendant.

1792, la Convention envoie Lescalier choisir à Madagascar une position avantageuse pour coloniser.

1801, Bory de Saint-Vincent eut la même mission. Son rapport démontre que Madagascar peut seul nous donner la prépondérance dans la mer des Indes,

1804, le général Decaen déclare Tamatave, chef-lieu de nos possessions à Madagascar, et y laisse M. Sylvain Roux, comme agent général. C'est de Madagascar que l'île de France a tiré les approvisionnements de ses navires qui ont si glorieusement combattu les Anglais pendant la République et la période de l'Empire.

1810, Tamatave, Foulpointe, tombent au pouvoir des Anglais.

En 1814, Foulpointe fut pris après une vive, mais courte canonade. Ce village fut occupé militairement, ainsi que Tamatave et reçurent en même temps garnison française.

1815, occupation du port Loukez et massacre de la colonie anglaise ; les indigènes n'en épargnèrent pas un seul.

Après la reprise de nos anciens établissements, sequestrés par les Anglais depuis cinq ans.

En 1816, le 15 octobre, le gouvernement anglais donna l'ordre à son représentant de Maurice de remettre immédiatement à l'administration de la Réunion les anciens établissements de la France à Madagascar. Son drapeau y flotta de nouveau en 1817.

En 1818, le 15 octobre, M. le baron de Makau, alors capitaine de frégate, reprit solennellement possession de Sainte-Marie et de Tintingue.

En 1819, le 7 juillet, le baron Milius expédie l'*Amarante* qui reprend possession du Fort-Dauphin, le 1er août, ainsi que de Sainte-Luce et de Tamatave, dans le courant de la même année.

En 1821, la *Normande* et la *Baccante* ramènent M. Sylvain Roux à Madagascar et il fonde à Sainte-Marie les premiers essais de colonisation. Deux mois après, le *Menaï*, corvette anglaise, parut devant Sainte-Marie et demanda des explications. M. Roux, répondit : « qu'il agissait au nom de la France et pro« testa d'avance contre toute atteinte portée à son « droit de propriété sur Madagascar. »

En 1822, le 20 mars, le commandant de Sainte-Marie reçut une déclaration d'obedience et de vassalité des douze princes et chefs de cette contrée des Betsimisarakas, comprise entre la baie d'Anton-Gil et le pays de Fenerif. Le chef Tsiphani céda Tintingue, arbora le drapeau français et mourut en 1826 en le défendant contre les Ovas.

En 1825, le 15 août, M. Blevec protesta au nom du roi de France, contre les prétentions de Ra-Dama.

En 1829, le 2 août, reprise de Tamatave, le 30 août, 300 hommes de troupes et 100 marins furent occupés à défricher l'emplacement des forts de Tintingue sous le nom de port Hyde-de-Neuville, le fort fut en état de supporter une attaque.

Le 18 septembre 1829, le pavillon y fut arboré avec pompe.

En 1829, le 22 octobre, les Ovas sont battus à Ambatou-Malouine par cent hommes de troupe françaises, le 28, l'expédition de Foulpointe échoue faute d'une bonne direction. Le 4 novembre, 200 hommes du 16e léger et la compagnie africaine battirent les Ovas et s'emparèrent du fort de la Pointe-Larré.

En 1830, protestation du prince de Polignac, ministre des affaires étrangères au nom de Sa Majesté Charles X, au sujet des prétentions de souveraineté que s'arrogeait Ran-Avalo, une des femmes de Ra-Dama, chef ova.

L'importance des cessions faites à la France dans ces derniers temps, exigent quelques détails. La nation sakalave s'étendait sur le Ménabé et sur la côte nord-ouest de Madagasacr ; elle comprenait sous sa dénomination la province d'Ankova, et par conséquent les ovas, qui habitaient cette contrée, lesquels ne s'affranchirent du joug sakalave qu'en 1820, avec le secours des Anglais.

Le chef de la grande tribu sakalave vint fonder sa capitale sur les bords de la Betsimiboka. Après avoir conquis et colonisé la province de l'Antsianak, sa suzeraineté s'étendait alors, depuis le Semberanoú, dans la baie de Passandava, par les 13° jusqu'aux 21° 30', au cap Saint-Vincent. Il y eut de nombreuses guerres civiles et fractionnements de pouvoir. La nation se révolta en 1832 contre son successeur. Adrian Souli fut déposé, et sa sœur, Honatitsi, qu'il reconnut lui-même, le remplaça au pouvoir. Il se retira au Comores, devint par ses intrigues et la conquête roi de l'île Mayotte, qu'il vendit ensuite à la France pour 50,000 fr.

Honatitsi régna jusqu'en 1838; elle mourut à cette époque, laissant une fille, Tsimekou, issue de son mariage avec Taoussi. Ra-Dama avait fait une guerre acharnée aux Sakalaves avant sa mort; Ran-Avalo qui lui succéda la leur fit à outrance.

Tsimekou s'enfuit devant cette guerre d'extermination et vint à Mouroundzanga, puis à Nossi-Bé, avec les grands chefs de sa tribu. Elle était accompagnée de son oncle Tsimandrou, fils de Maka et d'Andrian Milhavoutsi Arivou, qui possédait l'intérieur du Boéni et dont le patrimoine confinait au pays des Antenkaras. Se voyant traquer impitoyablement et sans secours pour résister aux Ovas, les Sakalaves se décidèrent à envoyer une députation à la Réunion demander notre appui.

En 1840, le 14 juillet, Tsimekou Tsimandrou et tous les grands chefs sakalaves font cession de leurs droits sur la grande terre de Madagascar et sur les îles Nossi-Bé et sur toutes celles qui se trouvent sur leurs possessions, depuis le Semberanou jusqu'à la Mangouki. Ces chefs reçurent en échange une pension de la France pour cette cession.

En 1841, le 15 mai, l'acte de prise de possession fut consommé avec les cérémonies d'usage, en présence des chefs sakalaves, lesquels portèrent à Bourbon la ratification du contrat.

En 1842, Tsimiarou, ses oncles et ses frères cédèrent à la France tous leurs droits sur la province Ankara, en leur qualité de chef de la tribu des Antankaras, dont les îles Nossi-Mitsiouk et Nossi-Fali, faisaient partie. La reine Panga, leur tante, céda Nossi-Comba et la terre d'Ankifi, qui sépare le pays des Antankars de celui des Sakalaves. Tous ces princes reçoivent encore aujourd'hui une pension du gouvernement français qui, par le fait de ces cessions, a joint la côte orientale, nord et ouest à ses premières possessions du sud de Madagascar avec droit de suzeraineté sur le centre et en particulier sur les Ovas.

En 1846, le chef de la province de Voëmarou, enfant et héritier de Zavouzou-Nounou, prince de Voëmarou et Manambatou, se réfugièrent à Nossi-Bé, ainsi que l'avait fait le chef Linta et Sila, princes du grand Manaar de Marandzet et d'Angontsi et beaucoup d'autres chefs de tribus ou cantons de l'île. Tous ces princes et chefs cédèrent à la France leurs droits de souveraineté et confirmèrent par ce fait les donations et cessions de leurs ancêtres.

En 1846, le 5 et 6 février, après les débats qui eurent lieu à la suite des affaires de Tamatave (expédition Romain Desfossés), l'ordre du jour qui termina la discution soulevée à la chambre des députés, est ainsi conçu : « La France n'abandonne aucun de » ses droits sur Madagascar, et ne regrette pas les » sacrifices que lui imposent des intérêts aussi gra- » ves. »

En 1848, le prince Tsimandrou, oncle de la reine Tsimékou, s'enfuit lors du décret d'émancipation des esclaves, entraîné par les principaux chefs de sa tribu qui, après avoir été battus et dispersés sur la grande terre, firent de nouveau leurs soumissions, Tsimandrou et la reine Panga en particulier, renouvelant les donations faites précédemment, se reconnurent sujets français. Ils furent plus heureux que les princes Sila et Linta, qui furent dépossédés de la direction de leur tribu. D'autres chefs leur furent donnés par le commandant de Nossi-Bé. Ces princes vécurent depuis en simples sujets français.

Tels sont, Sire, les droits de la France sur Madagascar.

CHAPITRE III.

Cicéron disait : Je n'aime point qu'un même peuple soit en même temps le *dominateur* et le *facteur de l'univers*.

Esprit des lois, liv. XX, ch. v.

L'Angleterre a toujours fait céder ses intérêts politiques aux intérêts de son commerce.

Idem, liv. XX, ch. VII.

Les Anglais n'estiment que la politique positive, celle des intérêts ; la fidélité aux traités et les scrupules moraux leur semblent puérils.

Châteaubriant, *Mémoires d'outre-tombe*, t. V, p. 362.

Jamais nation ne posséda de semblables titres de propriété à la possession d'une colonie.

Ils résultent en effet d'une occupation de plus de deux siècles et de la cession volontaire et souvent réitérée, des grands chefs malgaches.

Cependant la France a vu détruire les établissements qu'elle avait fondés sur le littoral de Madagascar ; son pavillon y a été foulé aux pieds ; ses enfants y ont été massacrés, et leurs restes mutilés arborés en insultants trophés sur la plage de Tamatave. Ces atrocités réclament de la justice impériale une réparation éclatante, plus encore pour venger l'humanité que pour l'honneur de la patrie, qui a laissé des années les têtes de ses braves soldats sur des pieux, afin de signaler à l'univers le degré de la civilisation ova et son affection pour les nations du monde, afin, dis-je, qu'elles servent de pronostic au sort qui attend les naufragés sur ses côtes inhospitalières.

Pour l'intelligence du sujet de ce rapport, je dois entrer dans de longs détails historiques sur la tribu ova.

Cette tribu est d'origine malaise. Ses vices et ses mœurs dès son arrivée sur la terre malgache la rendit odieuse aux indigènes qui les refoulèrent dans l'intérieur de l'île où ils vécurent sous le nom injurieux d'amboua lambou (chien-cochon); plus tard ils furent soumis à la suzerainte sakalave, puis vivant dans un état d'antagonisme perpétuel avec les Malgaches, volant et pillant pour le plaisir de faire le mal. C'est dans ces circonstances que les Anglais connurent les Ovas, et comme ils avaient l'intention d'en faire l'instrument de leur politique, pour donner le change à l'Europe, ils ne cessèrent de les représenter comme une nation civilisée. Ils ont eu l'audace d'établir un parallèle entre le chef de cette tribu, Ra-Dama, et Pierre-le-Grand. On a ainsi égaré l'opinion publique. C'est comme si l'on comparait la gloire de Napoléon Ier à celle de l'empereur Soulouque; encore il y aurait un semblant de parité comparativement à la barbarie ova.

Les agents que l'Angleterre avait à Madagascar auprès de cette tribu, ne manquèrent pas d'exalter leur imagination et ils décernèrent à leur chef le titre de civilisateur. Ils n'étaient qu'ambitieux.

Le fond du caractère ova est un mélange de dissimulation, de mensonge et de fourberie. Tous ces vices sont considérés par eux comme des vertus. La mauvaise foi et la ruse sont à leurs yeux un indice d'habileté, de capacité et de talent. Aussi s'efforcent-ils de favoriser chez leurs enfants le développement de ces penchants funestes. On conçoit tout de suite l'avantage de ce singulier système d'éducation, lorsqu'il est appliqué dans les transactions commerciales et politiques. Les diplomates ovas ont une finesse et une astuce que n'imaginent pas les habitants d'Europe.

Une des causes qui ont le plus contribué à dépopulariser l'enseignement du christianisme parmi eux, c'est la défense que fait cette religion de mentir. L'intelligence des Ovas ne leur sert qu'à tromper, opprimer et pressurer les autres tribus de l'île. Si leur civilisation est un mensonge, leur puissance est une exagération et sa domination est fort précaire par la haine que lui portent les vaincus.

Cependant cette tribu est devenue presque un épouvantail pour la France. C'est elle qui est aujourd'hui son antagoniste à Madagascar, après avoir été l'instrument docile des Anglais.

Le but de l'Angleterre et les moyens qu'elle a employés en cette circonstance ont été parfaitement définis, sans risque de guerre, sans crainte de frais perdus ; elle essayait sous nos yeux son influence et se ménageait la conquête par les indigènes eux-mêmes.

En effet, c'est ce qui ressort du récit succinct des événements dont depuis quarante ans Madagascar est le théâtre.

Pendant que le gouvernement français s'efforce de ressaisir la possession de ses anciens établissements coloniaux, l'Angleterre qui nous avait enlevé l'île de France songeait à nous dépouiller de Madagascar. Le traité de Paris, du 30 mai 1814, reconnaissait cependant implicitement les anciens droits de la France sur Madagascar. L'article 8 de ce traité stipule en effet la restitution des établissements de tout genre, qui nous appartenaient hors d'Europe avant 1792, à l'exception de certaines possessions au nombre desquelles ne figure point Madagascar. Mais comme cet article portait en même temps cession à la Grande-Bretagne de la propriété de l'île de France et de ses dépendances (les îles des Sechelles et autres petites îles), sir Robert Farquhar, gouverneur de cette colonie devenue anglaise, prétendit que les établissements de Madagascar se trouvaient implicitement compris dans la cession comme ayant été rangés au nombre de ses dépendances. C'est dans ce temps qu'eurent lieu les tentatives d'établissements a Madagascar par les Anglais au port Louquez; elles n'eurent, il est vrai, aucun succès. La brutalité du commandant ayant révolté les indigènes, tous les Anglais furent massacrés.

M. Farquhar avait ordonné la réunion de tous les Etats, de tous les documents propres à éclairer le ministère sur la situation et les ressources de Madagascar, et consolidé les alliances avec des chefs de l'île; en juillet, les frères de Radama, avec des présents, accompagnés d'un ambassadeur, vinrent le trouver. En octobre, de nouvelles réclamations lui sont adressées de la part des administrateurs de Bourbon qui, à cet effet avait envoyé M. Martin de la Croix, capitaine de frégate, chargé de demander la restitution à la France des anciens établissements formés par elle à Madagascar. Farquhar y répond par un refus.

L'interprétation erronnée du traité de Paris donna lieu entre les cabinets de France et d'Angleterre à une négociation, à la suite de laquelle le gouvernement britannique reconnut que les prétentions élevées par sir Robert Farquhar n'étaient nullement fondées, et adressa au gouverneur, sous la date du 18 octobre 1816, l'ordre de remettre immédiatement à l'administration de Bourbon la direction des anciens établissements français de Madagascar.

Pendant que la France recouvrait de la sorte ses anciennes possessions à Madagascar, l'Angleterre avait pris des précautions pour faire échouer nos efforts civilisateurs et notre influence sur la grande île africaine, afin de s'emparer de son commerce, et d'en préparer la conquête à son profit.

Vers la fin de 1816, le capitaine anglais, Lesage, reçut la mission de s'assurer par des présents l'alliance du roi des Sakalaves du Nord et les principaux chefs de la côte orientale. Ces tentatives échouèrent. Ce fut alors que le gouverneur de Maurice entendit parler de Ra-Dama, fils de Dian Ampoine, chef ova. Au portrait qui lui en fut fait, il reconnut de suite que Ra-Dama serait l'instrument de ses projets sur Madagascar. La tribu ova n'avait pas à cette époque une grande puissance. C'est peu après qu'on la vit tout à coup sortir de l'obscurité; elle était confinée sur le plateau central d'Ank'ova, terrain peu étendu et presque stérile, situé au centre de l'île. Ils étaient encore tributaires de la nation sakalave, desquels ils ne s'affranchirent qu'en 1820, avec le secours des Anglais. Quand vinrent les premiers agents de cette nation, ils ne possédaient aucun port, ni même aucun territoire maritime.

Ce fut donc au chef de la tribu ova que s'adressèrent les envoyés du gouverneur de Maurice.

M. Farquhar attachait un grand prix à consolider son ouvrage diplomatique à Madagascar, dans le moment surtout où, instruit des vues de la France sur ce pays, il sentait tout le prix de son alliance avec Radama, il accueillit avec encore plus de témoignages de considération ses agents Ratef et Cinrien-Cimirité, qui débarquèrent de la *Gourabe l'Elisa*, le 24 novembre 1816.

En 1817, le 14 janvier, le capitaine Lesage, délégué de sir Robert Farquhar, présenta à Ra-Dama les préliminaires d'un traité secret dont les bases furent définitivement arrêtées le 4 février suivant (*a*). Ce traité conclu sous prétexte de l'abolition de la traite des esclaves, sous l'apparence d'une œuvre de haute philanthropie, fondait l'influence anglaise à Madagarcar, comme plus tard le droit de visite en Europe. Ce traité fut signé le 23 octobre 1817 par les ambassadeurs de Ra-Dama et MM. Stanfell, capitaine de la corvette le Phaëton et Pye, agents du gouvernement britanique à Madagascar.

Les Anglais devinrent dès lors maître des Ovas. Ra-Dama reçut des sommes considérables, des fusils et des sabres pour armer ses soldats, des uniformes anglais pour les habiller, de la poudre, des canons, etc., et des instructeurs de l'armée anglaise lui furent envoyés pour former et discipliner ses troupes. Ces présents ne font-ils pas connaître les intentions du gouvernement britannique. Ce n'est pas l'esprit du christianisme qui est son mobile, pas même celui de la société, de la paix. Hélas ! ces armes et cette protection anglaises couvrirent bientôt après, de sang et de dévastation, le sol de Madagascar.

Ra-Dama fut l'allié de la Grande-Bretagne et fut reconnu par elle, seul roi de Madagascar; lui qui n'était que chef d'une petite tribu, considérée comme parias de l'île malgache par les indigènes.

Le chef Ova devint, sans le savoir, l'instrument des Anglais, qui le dirigeaient par les conseils de leurs agents, et surtout par ceux de James Hastie, sous-officier de Maurice, homme peu scrupuleux; qui acquit en peu de temps auprès de lui une véritable influence.

Sitôt que le drapeau Anglais flotta près de celui des Ovas, les ministres protestants se mirent à l'œuvre, ils ouvrirent des écoles et s'attachèrent à donner à leurs élèves une éducation plutôt politique que religieuse ou élémentaire et sans éveiller la défiance, à leur inspirer l'amour de leur *souverain* et par suite la haine d'une domination étrangère, ils leur faisaient dire sans cesse que « Ra-Dama n'a point d'é- » gal parmi les rois, qu'il est au-dessus de tous les » chefs de l'île et le maître de tous ! ! ! que Madagas- » car lui appartient, et n'appartient à personne qu'à » lui seul ; » et, pour seconder les vues de leur gouvernement, ils astreignaient leurs néophites aux exercices militaires.

La libéralité, ce grand levier de la politique britannique, était par eux mis en œuvre et donnait une force immense à leur prosélytisme qui assurait son influence, « il n'organisait ainsi une forte unité dans » le centre de l'île que pour pouvoir, dans un temps » donné, dominer les populations nourries de ces » principes donnés par ses nationaux. »

En 1822, Rafarla débarqua de la corvette le *Menay*, à Maurice, le 3 janvier, il était envoyé par Ra-Dama près de M. Farquhar. Il logeait dans la même maison qu'Hastie, le factotum anglais; cet agent du gouvernement à Madagascar, avait naguère conduit à Maurice un chef duquel, Ra-Dama, avait à se plaindre, il avait voulu s'en défaire en secret, M. Hastie s'engagea à l'emmener à Maurice, où il serait détenu et mis hors d'état de nuire au pouvoir que s'arrogeait Ra-Dama.

Ce chef, nommé Ratsitatane, très influent à Madagascar, lui portait ombrage, il fut donc embarqué et, sitôt arrivé à Maurice, fut mis au bagne, sous la surveillance du gardien de cet établissement.

Un apprenti malgache, Laïzaf, qui avait l'entrée libre de ce lieu de détention, y avait fait connaissance de Ratsitatane, en vue de se procurer une forte récompense ; il avait persuadé au malheureux captif qu'il ne dépendait que de lui de se rendre maître de la colonie, suit tout un plan de soulèvement. Son conseiller l'aida à tromper la vigilance de son gardien, ils s'enfuirent ; à peine furent-ils arrivés au lieu désigné que, sous un prétexte quelconque, son guide et conseiller s'ab-ente et va rendre compte à la police de la réussite de sa perfidie. Le chef de la police le laissa retourner sur la montagne ; à peine fut-il arrivé qu'il arbora le drapeau blanc, signal convenu avec ses complices, ce drapeau attira douze ou quinze noirs, ils firent entendre des cris en exécutant des fantasias. Le chef de la police se rendit chez le gouverneur pour lui rendre compte de ces faits, des soldats furent envoyés à la poursuite des pretendus insurgés, ils tirèrent quelques coups de fusils pour les effrayer, la petite bande s'enfuit et l'on ne trouva dans ce camp qu'un peu d'eau et des vivres, peu de jours après, Ratsitatane fut arrêté, il fut prouvé à la justice que Laïzaf avait trompé le chef malgache, son conseiller était le plus coupable, et toute la rigueur des lois devait peser sur lui, il fut gracié par le gouvernement, Ratsitatane et deux autres malgaches furent exécutés, leurs têtes furent exposées sur la montagne, au lieu où on avait arboré le drapeau insurrectionnel. Ce fait n'a pas besoin de commentaire, la détention du chef malgache au bagne de Maurice est un acte d'affreuse politique. Ratsitatane était un obstacle à Ra-Dama, ou plutôt aux meneurs de son gouvernement, l'agent anglais se charge de l'en défaire, il est remis prisonnier entre ses mains, il le conduit à Maurice, et voilà que son gouvernement se fait le geolier de Ra-Dama ; l'Angleterre avait pu l être de l'Europe en tenant Napoléon rivé au rocher de Sainte-Hélène, mais qu'un gouverneur se soit fait le porte-clef d'un négre, il faut en vérité une bien puissante raison d'Etat. (*Statistique sur Maurice*, etc., par le baron d'Huienville, archiviste colonial de l'île Maurice.)

C'est sous la pression des Anglais que Ra-Dama sortit du plateau d'Ankova pour conquérir l'île entière, et nous chasser de nos établissements, car ils cherchaient toutes les occasions d'agir hostilement à notre égard, aussi n'épargnèrent-ils rien pour cela : ce fut avec les ressources en tous genres, que les Anglais procurèrent aux Ovas, qu'ils secouèrent le joug des Sakalaves et s'assujettirent. en quelques années, un grand nombre de tribus Malgaches, nos alliés, afin de pouvoir ensuite nous atteindre sur la côte orientale, et nous forcer à abandonner nos établissements et nos droits sur l'île entière.

Les sacrifices que fit l'Angleterre pour arriver à ce résultat, prouvent l'importance qu'elle y attachait par les dépenses qu'elle y faisait : « un rapport présenté à la chambre des communes en 1823, relativement aux dépenses faites par le gouvernement de l'île Maurice depuis 1813, elles se sont élevées à 1,606,850 francs, elles sont plus considérables de 1816 à 1817, et de 1821 à 1826, c'est-à-dire aux époques où nous avons repris nos possessions malgaches et notamment celles de Sainte-Marie. »

Ra-Dama, poussé par les Anglais, vint attaquer nos établissements le 13 avril 1822, il fit publier une proclamation qui déclarait nulle toute cession de territoire qu'il n'aurait pas ratifiée ; en même temps, un corps de trois mille hommes de troupe ova se présenta sur la côte, en face de Sainte-Marie. Ces soldats étaient dirigés par l'agent britanique Hastie, et accompagnés de plusieurs officiers et militaires anglais.

Un envoyé vint au nom de Ra-Dama contester

» les droits de la France; « aucun droit, aucune
» prétention antérieure ne légitimaient, n'excusaient
» même un tel envahissement, » dit M. Albrom.

Les dépendances de Sainte-Marie furent pillées, et un poste ova établi pour inquiéter l'établissement français. Vers la fin du mois de juin de 1822, les Ovas s'emparèrent de Foulpointe, ancien chef-lieu des établissements français à Madagascar, ils établirent leur camp sur la pierre même qui constatait les droits de notre patrie.

Le gouverneur de Sainte-Marie qui n'avait à sa disposition qu'un petit corps de troupe, ne put opposer la force à ces agressions de Ra-Dama, il dût se borner à protester, mais Ra-Dama connaissait sa position, il ne fut pas arrêté dans la marche de ses projets.

Ra-Dama vint à Foulpointe en juillet 1823, s'empara de Pointe à Larrée, incendia les villages de Fondaraza et de Tintingue; exigea la soumission des chefs qui s'étaient reconnus vassaux du roi de France. Après avoir adressé un manifeste au commandant de Sainte-Marie, Ra-Dama, à la tête de quinze mille hommes, sembla vouloir attaquer notre colonie; soit que la protestation du commandant français lui eût inspiré quelque crainte, ou par d'autres motifs, il se borna à laisser des détachements dans le voisinage de Sainte-Marie.

Il est à remarquer que pendant son séjour sur la côte, Ra-Dama fut sans cesse entouré d'officiers anglais. Le gouverneur de Maurice avait accrédité auprès de lui des agents qui l'accompagnaient partout. Le commandant de la frégate *l'Ariane*, mouillée à Foulpointe, le reçut à son bord en lui rendant les honneurs dûs à la royauté. *L'Ariane* et les autres navires anglais, stationnant à Madagascar, servirent à transporter les troupes ovas sur les différents points de la côte orientale pour y attaquer les sujets de la France et les possessions françaises.

Telle est la foi anglaise, en Europe, elle enchaîne notre pays par les traités de 1815, nous contraint à la soumission alors qu'elle les viole par la ruse en nous faisant expulser de Madagascar par les indigènes.

Deux années se passent sans nouvelles agressions de la part de Ra-Dama, mais vers le commencement de l'année 1825, un corps de deux mille soldats ova vint camper à peu de distance de Fort-Dauphin occupé par un poste français.

S'il existait un point dont la possession nous fût légitimement acquise, c'était assurément Fort-Dauphin. Il était donc difficile de penser que le chef ova pût oser envahir une contrée où jamais un Ova n'avait paru, et avec laquelle, à aucune époque, il n'avait eu de communication, leur nom y étant en exécration. Pourquoi donc, le 14 mars 1825, les Ovas, après avoir bloqué le Fort-Dauphin, entrèrent-ils dans la place de vive force? le pavillon français fut indignement arraché et foulé sous les pieds d'un sauvage. A quel degré d'humiliation notre pavillon fut-il livré par la main invisible qui a conduit cette horde de nègres pillards; ils n'avaient aucun droit à fouler cette terre du sud, toute française. L'ombre de Richelieu et de Colbert ont dû frémir en voyant le pavillon de leur seigneur et maître avili où ils l'avaient planté des siècles auparavant, alors, le monde entier le révérait, et l'Europe tremblait devant lui lorsqu'il précédait nos armées.

Les quelques soldats français de cette petite garnison, ainsi que l'officier qui les commandait furent faits prisonniers et déposés sur un îlot.

Encouragé par la mollesse du gouverneur de l'île Bourbon, et secondé par les Anglais, Ra-Dama s'était emparé des établissements français à Madagascar; il ne nous restait plus que Sainte-Marie; encore ce poste était-il inquiété, et le commerce y était devenu impossible.

L'inspiration anglaise, qui avait déterminé l'agression de Fort-Dauphin et des autres lieux appartenant à la France, ne tarda pas à se montrer ostensiblement, très-préjudiciable aux intérêts français, par un ordre officiellement publié dans la *Gazette* de l'île Maurice, le 18 juin 1825. Par ce décret, Radama permettait « l'entrée de tous les » navires anglais dans les ports de Madagascar, » moyennant un droit de cinq pour cent sur la va- » leur de la marchandise; il permettait aux sujets » anglais d'y résider avec la faculté d'y construire » des navires, d'y bâtir des maisons et d'y cultiver » des terres; c'était (dit un historien) faire une nou- » velle manifestation contre la France et ses droits. » En donnant aux Anglais la facilité de disposer en » maître des ports de l'île, n'était-ce pas leur pro- » curer, pour l'avenir, les moyens de mettre ob- » stacle aux vues de la France sur Madagascar. » Partout où les Anglais mettent un pied sur le sol des peuples sauvages, le second ne tarde pas à écraser leurs droits; le conflit anglo-américain d'aujourd'hui n'est autre chose que le résultat de cette politique tortueuse qui, sous prétexte de liberté, de religion, d'émancipation, de pêcherie, d'exploitation de bois, de protection à donner aux uns et aux autres, étend son empire à toutes les extrémités du monde.

Il se fit, en 1825, un soulèvement général des populations de la côte Est, qui est habitée par des sujets français, récemment conquis par les Ovas; ils espéraient, de la part du gouverneur français, un concours efficace; le commandant de Sainte-Marie ne put que leur donner de la poudre et recevoir les transfuges. Eh pourtant! son zèle fut blâmé par l'autorité de Bourbon alors que les Anglais prenaient une part active à cet événement, leurs bâtiments transportèrent les troupes ovas qui, sous la direction des agents britanniques, replacèrent nos infortunés alliés sous le joug ova.

En 1826, mourut Jean Réné, chef de Tamatave, il avait toujours été favorable aux Français. Peu après lui, mourut James Hastie, l'agent anglais qui avait si puissamment servi les intérêts de sa nation. Depuis la mort de Jean Réné, les traitans français, et particulièrement ceux de Sainte-Marie, subirent, de la part des Ovas, les plus indignes vexations, et mirent des entraves au commerce de cette île avec la grande terre ; il était défendu aux naturels, sous peine de mort, de conduire un seul bœuf aux ports, autres que ceux où étaient les troupes ovas.

Sur la fin de 1826, Ra-Dama établit des droits à l'entrée et à la sortie des marchandises, il afferma les produits de ces droits à la maison Blancard, *de Maurice*. Afin d'assurer ces nouvelles combinaisons, il fut résolu que les marchés ne seraient plus ouverts que sur les points occupés par les troupes ovas. Les habitants de Sainte-Marie se virent obligés, pour continuer leur commerce, de cesser de fréquenter les endroits voisins de Sainte-Marie; mais la partialité des Ovas à leur égard, et les vexations de toutes sortes auxquelles ils les soumirent dans cette lutte inégale, qui les obligeaient à soutenir une concurrence privilégiée, les mirent bientôt dans la nécessité de cesser tout commerce ou de quitter Sainte-Marie; en outre, Ra-Dama défendit, sous peine de mort, de vendre un seul esclave au gouvernement de Sainte-Marie ou aux colons, afin de les priver de travailleurs dont l'établissement avait très-besoin

M le comte de Cheffontaine, gouverneur de Bourbon, écrivait en décembre 1826, au ministre et lui exposa l'état des choses à Madagascar ; il considérait comme fâcheuses les suites du système de temporisation et de condescendance, suivi jusqu'alors dans les affaires malgaches, et demandait des forces afin de faire *respecter nos droits*, et de soutenir Sainte-Marie.

Conséquemment aux ordres du ministre de la marine, deux compagnies de cent yolofs y furent transportées du Sénégal à Sainte-Marie.

Le conseil colonial de Bourbon trouva insuffisantes les forces mises à sa disposition, et pensa que, pour entreprendre une expédition contre Ra-Dama, il fallait au moins deux frégates, deux bricks de guerre et deux corvettes de charges avec leurs équipages sur le pied de guerre, plus un bataillon d'infanterie de marine, une compagnie d'ouvriers, deux cents hommes de troupe noirs, et enfin un matériel militaire qui fut en proportion avec cette entreprise ; plus deux mille fusils pour armer les indigènes qui nous étaient dévoués.

Malheureusement, l'expédition n'eut pas lieu comme l'avait désiré le conseil de Bourbon, et les secours insuffisants envoyés par le ministre à Sainte-Marie, n'avaient fait qu'enhardir les Ovas à préparer à nos traitans de nouvelles persécutions qui durèrent jusqu'aux événements qui nécessitèrent l'attaque de Tamatave.

Le 27 juillet 1828, Ra-Dama mourut à l'âge de trente-sept ans ; les excès auxquels il se livrait dans les dernières années de sa vie, eurent bientôt affaibli sa forte constitution, l'agent britannique avait cultivé adroitement ses passions pour en tirer parti dans un but favorable aux intérêts anglais ; aussi, Ra-Dama sortant trop tard de l'ivresse, regretta-t-il les ordres iniques qu'Hastie lui avait fait donner.

« Le parti anglais, qui connaissait l'état de la » santé de Ra-Dama, avait formé son plan d'avance, » pour donner à son influence plus d'autorité. Un » moyen paraissait surtout favorable : c'était de » mettre à la tête du gouvernement un des élèves » des missionnaires protestants qui commanderait » sous l'Angleterre ; tout devait se faire au nom d'une » femme, sorte de *manequin* royal, appelée Rana- » valo, une des onze femmes de Ra-Dama, laquelle » était la maîtresse d'Andiasa, jeune érudit des écoles » anglaises (Akerman, *Histoire des Révolutions à* » *Madagascar*). »

La mort du chef ova fut soigneusement cachée au peuple, et le 29, un kabar (assemblée) solennel fut convoqué pour prêter le serment à la personne qu'il a plu à Ra-Dama de choisir pour lui succéder, c'était sa volonté, car il sentait sa fin prochaine. Ranavalo fit valoir son titre de femme doyenne du prince, elle réclama la souveraineté, bien qu'elle ne fut pas la femme légitime de Ra-Dama, attendu que Rosalime, fille de Ramitra, roi des Sakalaves du Ménabé, était seule reconnue reine des Ovas, elle avait, de Ra-Dama, une fille, tandis que Ranavalo n'était que sa concubine, et sa cousine à un degré très-éloigné, l'enfant qu'elle a n'est pas de Ra-Dama, attendu qu'il est né plus d'un an après la mort de ce chef, elle n'a pas laissé que de lui faire porter son nom et de le déclarer fils de Ra-Dama.

Le 10 août, Andimiasa, aidé du parti anglais, fit désigner Ranavalo comme devant succéder à Ra-Dama. « Tout ce qui se mit en opposition est pour- » suivi et impitoyablement égorgé, l'âge, le sexe, » rien n'obtient grâce ; elle monte sur son trône » sanglant, en passant sur des monceaux de vic- » times, » dit Akerman.

Le 11 août, eut lieu la proclamation de la mort

de Ra-Dama, ainsi que l'avènement de Ranavalo, dans un kabar solennel. Ce parti cimenta son pouvoir par le « massacre de tous ceux qui portaient ombrage » à sa puissance, la famille royale est égorgée. » Ramaneta, cousin de Ra-Dama, échappe à la proscription et s'enfuit aux îles Comores, Ramanoulou est lâchement assassiné au Fort-Dauphin. Il en fut de même de Rafarla, il périt en brave.

La mort de Ra-Dama fut une réaction contre la France, et l'occasion d'une guerre d'extermination contre les tribus ses alliés. « Voilà donc tout le lit- » toral envahi, et le fameux Andimiasa, créature » d'un parti plus puissant que les naturels eux- » mêmes, nommé premier ministre de la reine. Cette » année, Madagascar se trouva plongé dans un état » de révolution complète, » contre son odieux gouvernement et ses cruautés; les Sakalaves prirent les armes, secouèrent définitivement le joug des Ovas. Les habitants de l'est furent moins heureux, toutefois, ses soldats suffisaient à peine à garder les quelques postes ovas disséminés sur les côtes chez ces tribus.

Enfin, ceux qui sèment le vent recueillent la tempête, c'est ce qui arriva pour nos bons alliés les Anglais, ils avaient soufflé le feu de l'ambition dans l'âme des sauvages Ovas, ils leur avaient donné des armes; on a vu l'usage qu'ils en avaient fait; maintenant, l'orage gronde contre eux, sous prétexte que les anciens Ovas avaient vu avec déplaisir Ra-Dama marcher sous l'influence des Anglais à la civilisation. Ranavalo se fit l'interprète de ces plaintes, elle s'éleva contre les innovations introduites par les ministres protestants, et cela malgré le pouvoir d'Andimiasa.

Une parodie de couronnement eut lieu, le 11 juin

1829. La joie de Ranavalo fut troublée par des bruits de guerre civile et de guerre étrangère.

Ramanetak, cousin et ancien favori de Ra-Dama,, à qui ce prince avait confié le commandement de Bombetok, et qui avait échappé aux sicaires de Ranavalo, faisait, disait-on, des préparatifs d'agression dans le nord.

Le cheval de M. Eyall, agent anglais, ayant par sa présence profané le lieu consacré à l'idole ova, le prêtre, alla porter plainte à Ranavalo, qui l'écouta favorablement, la populace, enhardie par les promesses de Ranavalo, maltraita indignement l'agent britannique, il fut obligé de s'enfuir précipitamment avec ses gens et mourut fou peu de temps après des suites de ces mauvais traitements.

Le mauvais vouloir inspiré par les agents britanniques à notre égard, n'en contribua pas moins à se faire sentir après leur départ. Notre établissement de Sainte-Marie, le dernier qui nous restait, était ravagé, notre commerce anéanti, nos compatriotes inquiétés et attaqués partout où le pouvoir ova s'étendait. Un commerçant français, nommé Pinçon, jeté par la tempête sur la côte, avait été vendu publiquement par le chef Ova de Fénéris, et n'avait pu se racheter qu'au prix de cinquante piastres d'Espagne, et beaucoup d'autres méfaits nécessitèrent une expédition; elle fut commandée par le capitaine de vaisseau Gourbeyre, qui fut envoyé à Madagascar en 1829, pour demander réparation de tous ces actes de violence. Les ordres du ministre étaient qu'il devait suivre les instructions du conseil privé de Bourbon, ainsi conçues. « Ce serait méconnaître nos droits et agir contrairement au langage » tenu jusqu'ici, non-seulement vis-à-vis des chefs » malgaches, mais aussi vis-à-vis du gouvernement » britannique, que d'entamer une négociation ; que

» ce serait d'ailleurs, s'exposer à des lenteurs qui » compromettraient le succès de l'expédition que » la nature du climat, bien plus que la destination » ultérieure des bâtiments, exigeaient que l'expé- » dition fût achevée dans un temps donné. Ce » n'est donc *pas une négociation dans laquelle* » *une discussion de nos droits pourrait être* » *admise, il faut obtenir des Ovas, de gré ou* » *de force l'évacuation des points dont ils se sont* » *emparés*, et leur donner pour cela, huit jours, après » quoi agir avec toute la vigueur possible. »

Le capitaine de vaisseau Gourbeyre, ne put obtenir des Ovas aucune réparation, il dût se conformer à ses instructions et avoir recours aux armes. Il s'empara de Tintingue ; nous dûmes combattre à Tamatave, le 18 octobre 1829 ; à Foullepointe, 28 octobre, jour néfaste, car le sang des braves soldats français fût versé sans utilité. Ranavalo refusant de ratifier le traité de paix qu'elle avait d'abord promis de signer, une seconde expédition devint nécessaire.

Trois vaisseaux de guerre portant un renfort de troupes légères, deux compagnies sénégalaises, des artilleurs, et un matériel de campagne proportionné, furent expédiés par la métropole.

La France allait sans doute obtenir une victoire plus humanitaire que glorieuse, comme elle l'obtenait à Alger, elle allait enfin rentrer en possession de ses anciens établissements et fonder de magnifiques colonies sur le sol malgache. Les événements de 1830 repoussèrent la solution de cette grande œuvre, car le gouvernement de Louis Philippe, pour complaire aux Anglais, sacrifiaient l'honneur du pavillon national à poser les bases de l'entente cordiale qu'il n'hésita pas à rompre lorsqu'il s'est agi du mariage de ses enfants.

Les troupes destinées à cette expédition reçurent

l'ordre de rentrer en France. A la suite de cette décision, Tintingue fut évaquée le 5 juillet 1831. Les indigènes qui avaient embrassé notre cause furent livrés sans défense à la rage des Ovas, et toutes les tribus amies de la France, cruellement décimées. Alors que tout le monde secourait les pauvres Polonais, personne en France ne plaignit les milliers de Malgaches morts pour avoir aimé la France et cherché un abri à l'ombre de son drapeau.

La position des commerçants français qui continuèrent leur trafic sur la Grande-Terre devint déplorable, tant notre fuite avait enhardi les satellites du gouvernement Ova.

En 1831, Andimiasa fut assassiné à Emirne, dans une émeute, depuis lors, les Anglais ne furent plus à leur aise à Tananarivou, chef-lieu ova, et l'influence britannique s'éteignit au renvoi des ministres protestants ; leur départ eut lieu le 17 juin 1835. « La politique anglaise fut détruite, en un jour, sur » cette terre qu'elle avait disputée à la France » avec tant de persévérance et d'astucieuses combi- » naisons, d'efforts prolongés ; triste résultat, pour » tant de sommes considérables que ses agents » avaient jetés dans le gouffre toujours ouvert et » inassouvi de la cupidité ova. »

L'histoire des années qui suivirent ne présentent que la continuation du même système de persécution. Ranavalo enjoignit, en 1835, de brûler les établissements des commerçants européens, dans le cas où leurs nationaux se présenteraient pour les protéger. Cet ordre barbare fut exécuté en 1838, lors de l'arrivée à Tamatave du brick le *Lancier*; et ce ne fut que grâce aux efforts du commandant de ce navire, M. Laroque de Chanfray, et ceux des braves marins de son équipage, que l'incendie pût être éteint.

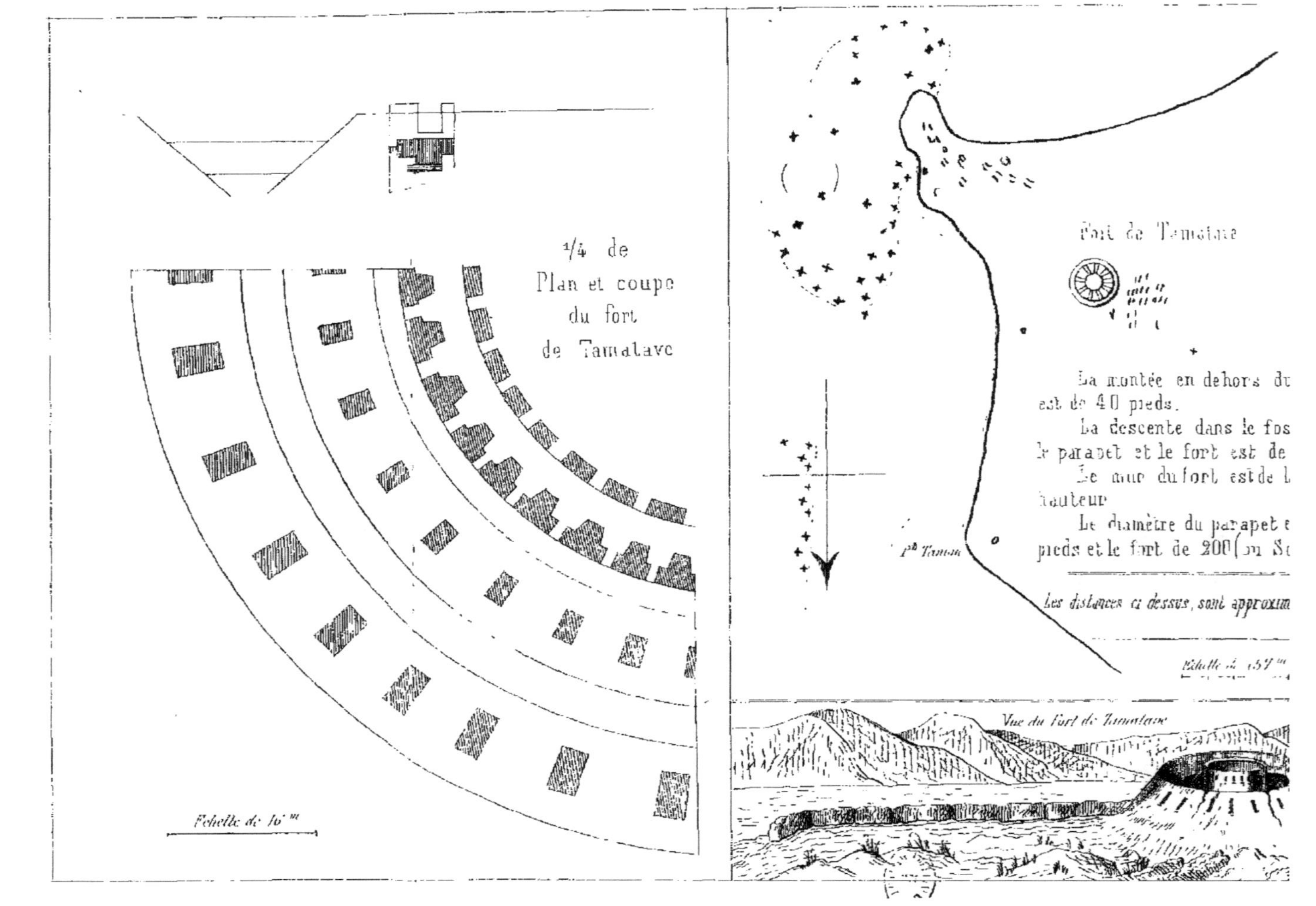
1/4 de
Plan et coupe
du fort
de Tamatave
Echelle de 10 m
Fort de Tamatave
La montée en dehors du
est de 40 pieds.
La descente dans le fos
le parapet et le fort est de
Le mur du fort est de l
hauteur
Le diamètre du parapet e
pieds et le fort de 200 (ou S
Les distances ci dessus, sont approxim
Vue du fort de Tamatave

Enfin, un édit publié en 1843, par la reine Ranavalo, exigea que tous les Européens résidant à Madagascar se reconnussent ses sujets. Elle ne leur laissait d'autre alternative que celle de devenir Ova, ou d'être dépouillés de leur biens et expulsés de l'île ; ses agents qui ne se conformeraient pas à cet ordre ou qui négligeraient de l'exécuter, devaient être punis de mort.

A cet ordre barbare se joignaient d'autres faits qui vinrent enfin éveiller l'apathie du gouvernement de Bourbon.

En 1845, l'amiral Romain Desfossés fut alors envoyé, en juin, à Tamatave, pour examiner les plaintes des Français pour protéger leur personne et leurs propriétés, il présenta au chef Ova les plaintes des commerçants français et demanda satisfaction ; et n'en put obtenir aucune.

« Après s'être convaincu, écrivait-il au ministre » de la marine, qu'il avait affaire à des hommes » pour qui toutes les questions de justice, de droit » des gens et de respect des personnes et des pro» priétés, sont choses inconnues ou méprisées ; » qui, enfin, *ne savent céder qu'à la force.* » Il opéra, le 15 juin 1845 (à trois heures de l'après-midi le feu commença); à quatre heures du soir une descente eut lieu sur la plage de Tamatave, en compagnie des troupes anglaises envoyées pour le même objet, le combat dura une heure. A six heures et demie, il n'y avait plus personne à terre, les embarcations regagnaient leurs bords.

Les Ovas laissèrent 300 morts sur le champ de bataille et un nombre de blessés proportionné, nous eûmes seize hommes tués, dont trois officiers, et quarante-trois blessés ; malheureusement une partie des morts furent laissés en leur pouvoir. Cette expédition, ou plutôt cet acte de justice ne produisit cependant aucun effet salutaire par suite des mauvaises dispositions prises par M. Desfossés, dont le départ précipité en fut en partie la cause. Les corps des braves, laissés sur le champ de bataille eurent la tête coupée et exposée sur des pieux, où elles proclamèrent la honte de leur patrie, hélas! bien des années encore elles restèrent là même où son drapeau flotta si longtemps.

Ce malheureux évènement de Tamatave produisit une pénible et douloureuse impression. Le conseil colonial de Bourbon, présenta au roi, peu de temps après, une adresse où il s'exprimait ainsi :

« Sire, au milieu des sentiments pénibles qui » nous oppressent, permettez-nous de vous exprimer notre pensée; c'est à Emirne qu'il faut » marcher; c'est sur les ruines du gouvernement » tyrannique des Ovas, qu'il faut inaugurer notre » domination. Partout, sur notre passage, accourront les tribus opprimées, impatientes de nous » seconder et de venger leurs humiliations et leurs » défaites. La conquête de Tananarivou, doit être » pour les populations malgaches, le signal de leur » délivrance, et pour la France, le commencement » d'une ère nouvelle, de sa grandeur et de sa puissance maritime. »

L'impression des habitants de Bourbon, fut ressentie en France, la presse et la tribune de la Chambre retentirent avec véhémence contre le ministère et le Gouvernement, qui ne voulait pas d'expédition sans le concours de l'Angleterre, et comme la chambre ne voulut pas entendre parler d'une expédition anglo-française, le ministère Guizot, sut faire tout ajourner.

Les Ovas continuèrent leurs actes de violences sur les Européens qui tombèrent en leur pouvoir, car, tous ceux qui habitaient Madagascar furent expulsés sans pitié, et leurs biens confisqués, ils préférèrent tout perdre, plutôt que de renier leur patrie pour se faire Ova. Quelques-uns entr'autres : Delastelle, Laborde et autres misérables renégats, établirent leur fortune sur les ruines et le sang de leurs frères, ils se firent Ovas et furent faits princes et co-intéressés de Ranavalo, et ses factotums dans ses affreuses machinations contre leurs compatriotes, préférant l'amitié de Ranavalo, qui leur procurait de l'or teint du sang chrétien répandu par ses mains.

L'histoire des années qui viennent de s'écouler est féconde en faits de ce genre, et leur récit succinct fera connaître le déplorable état auquel se trouvent réduits les derniers établissements français à Madagascar.

Le décret d'émancipation des esclaves, émané du gouvernement provisoire fut proclamé imprudemment à Nossi-Bé, il souleva la population indigène, et fut le signal d'une insurrection générale contre les Français. Les premiers jours de mai 1849, M. Dubreuil de Bordeaux, et Wilder, de Lille, furent assassinés la nuit dans leur domicile, l'un à Nossi-Fali, l'autre à Faseigne (Nossi-Bé). Les populations voisines de notre colonie se réunirent aux insurgés qui, ayant quitté l'île et s'étant réfugiés sur la Grande-Terre, vinrent le 14 avec plus de trois cents pirogues, et débarquèrent environ sept mille Sakalaves. Le 16, le lieutenant Cotey alla à leur rencontre jusqu'à Voureriki, où il fut enveloppé et périt percé de mille coups de sagaïes : le caporal Jean eût la tête coupée, tel fut le résultat de cette reconnaissance. —Les insurgés, enhardis par ce premier succès de vengeance, vinrent, le 17 mai 1849, de dix à onze heures du matin, attaquer le plateau d'Helleville, dit la Pointe, où s'était réfugié les femmes et les enfants et où résidaient les troupes françaises et l'administration.

Le commandant Marchaise réunit sa petite troupe sur la place de l'église, les colons et deux ou trois artilleurs étaient à l'entrée du plateau, au lieu dit la Batterie, qui consistait en un fossé palissadé et défendu par deux caronades montées sur des essieux de tombereaux, l'ennemi avançait par masse serrée, poussant des cris de guerre ; sitôt qu'ils furent à portée de fusil, M. Mésauce et le sergent d'artillerie firent feu. Les affuts improvisés se brisèrent par la secousse de la décharge des pièces ; heureusement pour nous, que la mitraille avait ravagé les rangs sakalaves. Effrayés par la vue des blessés et des morts, ils s'enfuirent avec une précipitation incroyable et furent poursuivis par les indigènes qui nous étaient restés fidèles, conduits par quelques colons français qui mirent l'ennemi en déroute complète. Ils se retirèrent de l'île Nossi-Bé le jour même, après avoir brûlé tous les villages, tué ou emmené captifs un grand nombre de nos amis qui n'avaient pas voulu faire cause commune avec eux.

Tout cela s'était fait à l'instigation des Ovas, par l'intermédiaire des Antalots, vile caste, de race arabe et malgache, sans cœur et sans patrie, n'ayant pour culte que des singeries mahométanes, et pour Dieu que l'argent pour lesquels, le ciel et la terre sont comptés pour rien ; tels sont les agents ovas. Ils ont empoisonné de leurs momeries les Sakalaves. ce qui fait comprendre l'influence qu'ils ont sur eux dont l'expérience leur a coûté si cher.

A la suite de cette expédition avortée, les Ovas redoublèrent de zèle et leur feinte amitié n'était que pour les exciter, par des insinuations, à obtenir le concours des Sakalaves dans leurs entreprises contre nous. Des razias furent organisées par eux, alors il devint impossible d'habiter la campagne de l'île, le travail des champs devint impraticable, les travailleurs étaient pris, tués ou faits esclaves, et les cases brûlées.

L'existence des colons de Nossi-Bé n'était plus tenable, réfugiés sur le plateau et toujours armés, faisant la garde jour et nuit; chaque nuit, l'ennemi descendait sur l'île pour tout dévaster. Le poste n'était plus tenable, surtout sans armes et sans munitions, et cela par l'incurie du commandant Passot, qui avait attiré l'orage et qui laissait aux habitants le soin de défendre leur vie et le drapeau national.

Lorsque vint l'*Oise*, corvette de charge, capitaine Voler, le capitaine Marchaise lui fit connaître notre position ; les habitants firent des instances pour que l'ennemi fut châtié et poursuivi sur la Grande-Terre. Cela se fit au mois d'août 1849. Les Sakalaves s'enfuirent et se dispersèrent, leurs récoltes furent brûlées. Après huit jours de campagne, les colons rentrèrent à Nossi-Bé où ils trouvèrent le calme rétabli et la sécurité, car quelques jours après vint le *Cassini*, navire à vapeur, qui fit une expédition dans le fleuve le Samberanou, sur les bords duquel campait l'ennemi ; l'artillerie du navire les foudroya alors qu'ils se croyaient parfaitement en sûreté, ils s'enfuirent et laissèrent leurs vivres et leurs pirogues, qui furent détruites.

Les chefs sakalaves, qui avaient été entraînés à nous attaquer, demandèrent à faire leur soumission; ce qui leur fut accordé, et ils revinrent habiter Nossi-Bé après avoir prêté serment d'obéissance à la France.

Les Ovas, furieux de la soumission des grands chefs sakalaves, envoyèrent de nouveau ravager l'île, mais cette fois avec le pavillon de Ranavalo en tête des bandits, dans une de leur excursion. A dix ou onze heures du soir, le 27 février 1851, le village de Tafondrou fut attaqué, car le poste français, composé de six noirs de la compagnie africaine, commandé par le caporal (Lecomte, de l'infanterie de marine) étaient à s'amuser dans les cases du village, l'ennemi n'eut pas de peine à s'emparer de la poudre et des fusils; le roi Tsi-Mandrou qui l'habitait avec ses gens se portèrent au devant de ces brigands, ils voulurent défendre le poste, Tsi-Mandrou tomba percé de vingt balles, et à côté de lui étaient couchés quelques-uns de ses vaillants compagnons.

Sitôt après, ils se portèrent dans l'habitation des Jésuites. Un frère et un naturaliste qui y avaient reçu l'hospitalité, voulurent en défendre l'entrée, ils furent blessés, enfin la maison et l'église furent pillés, le feu fut mis au village et les habitants furent emmenés captifs chez les Ovas de Mouround-Zanga, d'où était parti l'expédition commandée par Tsi-Antoine.

Sitôt après cet attentat, le commandant de Nossi-Bé fit demander au gouverneur ova de Mouround-Zanga, qu'il lui livrât les coupables et Tsi-Antoine, le chef de la bande qui avait assassiné Tsi-Mandrou et attaqué avec ses hommes nos établissements.

Cette légitime satisfaction fut refusée. Le gouverneur ova ne craignit pas d'aggraver son refus en envoyant plusieurs bâtiments de deux cents tonneaux armés en guerre, croiser dans les eaux de Nossi-Bé pour s'emparer des nôtres qu'ils pourraient rencontrer en mer. La goëlette *l'Iris*, capitaine Bédard, qui venait de porter un second message à Mouround-Zanga, fut attaquée à son tour et reçut les boulets de ces pirates d'Antalos, sicaires des Ovas, ils reçurent un prompt châtiment, leurs boutres furent coulés ou dispersés.

Des attaques aussi fréquentes et aussi cruelles, la

mort des chefs, nos amis, la dévastation de leurs plantations, la mort des uns, l'esclavage des autres, étaient autant de causes d'effroi; les indigènes étaient exaspérés, s'ils avaient pu compter sur l'appui des forces suffisantes de notre part, il est certain qu'une juste guerre de représailles eût été faite aux Ovas et à leurs satellites. Ils demandaient, les larmes aux yeux, au commandant de Nossi-Bé, des hommes pour les commander dans cette expédition; mais ils ne purent obtenir ni homme, ni munitions, ni même la permission de venger le sang de leurs proches répandu par ces brigands; cette expédition eût rendu un peu de sécurité à la colonie de Nossi-Bé et attacher à nous les indigènes, mais la garnison est si minime que les soixante hommes dont elle est composée suffisent à peine, on le voit, pour protéger l'établissement de la pointe d'Helleville, comment pouvoir porter le châtiment sur la grande terre chez nos ennemis? aussi, la position de la colonie de Nossi-Bé s'est-elle agravée chaque jour. Les habitants n'osent plus sortir de leurs villages dans la crainte d'être tués ou emmenés esclaves par les Betanimènes marodeurs Ovas.

La culture des champs a été abandonné forcément, on y a souffert de la famine pendant deux années. Telle était la situation de cette colonie, lorsque je l'ai quittée, en 1851, elle avait compté 30,000 âmes avant l'émancipation, elle n'avait plus en 1851 que 8,000. Voilà l'effet de la vendetta ova et le fruit de la conduite administrative des représentants de la France à Madagascar.

Quelques désastres récents, sont encore venus ajouter de nouveaux griefs à ceux déjà si nombreux, que la France avait à reprocher à ses ennemis. Les européens avaient été expulsés de l'île par ordre de Ranavalo; maintenant des pirates attaquent, et massacrent leurs équipages; c'est ainsi qu'a péri en 1853, un brick goëlette Américain, descendu à Nossi-Missiou, pour y traiter de l'écaille de tortue. L'équipage, composé de sept hommes, a été assassiné, et le navire, après avoir été pillé, a été incendié pour en avoir la féraille.

Le brick français, *la Grenouille*, commandé, par M. Rosquerou, a subi à peu près le même sort à la même époque. L'armateur de ce navire, M. Buisson, qui habitait Nossi-Bé, en mourut de chagrin.

Enfin, M. Edmont Samat a vu piller le petit bâtiment qu'il avait frété, cette affaire était encore récente lorsque le commandant de Nossi-Bé, (M, Dupuis), vint en France en 1854. Il avait fait des réclamations auprès de qui de droit, pour obtenir la restitution des objets volés et une indemnité.

C'est dans le voisinage de Nossi-Bé, et presque en vue du pavillon français, que les pirates ont accompli leurs brigandages.

En présence de pareils faits, l'opinion qui assigne une cause semblable, à la fin mystérieuse du *Voltigeur* et du *Colibri* (navire de guerre), ne reçoit-elle pas une certaine force de probabilité.

En 1853. Le révérend père Cotin, passager à bord de l'Indienne, raconte que cette corvette fit naufrage « à 28 lieues de l'île Sainte-Marie, un peu au nord » de la baie d'Antongil, vis-à-vis un poste d'ovas, lesquels reçurent bien notre monde ; mais impossible » d'en obtenir la moindre provision ; l'eau même » fut refusée. »

« Tels sont les ordres de leur fameuse reine Ranavalo à *l'égard des étrangers, même après un naufrage ; il y a peine de mort pour celui qui oserait contrevenir à la loi* (1). »

(1) Extrait des Annales de la propagation de la foi, mai 1854, p. 102.

« *Le Cernéen* de l'île Maurice, a reçu de Mada-
» gascar, sous la date du 24 décembre 1855, le
» récit d'un événement qui a jeté dans le deuil une
» famille honorable du Port-Louis. M. d'Arvoy, an-
» cien consul de France à l'île Maurice, établi de-
» puis un an à la baie de Bavatoubé, où il exploitait,
» pour le compte d'une compagnie française, une
» mine de lignites, a été le 19 octobre dernier, dans
» la nuit, surpris par 1,500 ou 2,000 Ovas, troupe
» régulière de la reine Ova, mis à mort et mutilé,
» ainsi que plusieurs autres Français, et un grand
» nombre de Sakalaves. L'établissement a été en-
» tièrement détruit. Les Ovas ont emmené comme
» prisonniers les travailleurs, qui ont échappé au
» massacre, en tout une centaine d'hommes, dont
» un Français grièvement blessé. Ils ont emporté,
» en outre, cinq canons, des fusils, de la poudre ; le
» tout a été immédiatement dirigé sur Emyrne.
» Les pertes matérielles s'élèvent, d'après ce qui
» nous est assuré, à 400,000 fr.

« La reine Ranavalo, à la réception de cette nou-
» velle, a fait assembler le peuple de sa capitale,
» auquel elle a fait lire la dépêche du général de
» l'expédition; puis elle a fait tirer sept coups de
» canon, en réjouissance de la victoire remportée
» par ses troupes sur les Français.

» Les Français étaient huit, dit *le Cernéen* et ils
» ont été surpris la nuit par 2,000 Ovas. Remar-
» quons en passant que ce territoire *est un territoire*
» *français*, en vertu de *l'ancien droit de la France*
» *sur Madagascar*, et de la cession qui en a été faite
» à la France par son seul possesseur de fait, l'an-
» cienne reine de Nossi-Bé. Le pavillon français flot-
» tait sur le fort qui a été détruit. Cet établissement
» a été créé avec le concours du gouvernement fran-
» çais, et sur les cinq canons emmenés à Emyrne,

» deux ont été fournis par la frégate *l'Erigone*.
» Enfin, les malheureux travailleurs, si traîtreusement surpris et massacrés, sont français, ainsi que les prisonniers que l'on a traînés vers la capitale Ova, pour être mis à mort, ou au moins vendus comme esclaves. » (Extrait de la *Patrie*, du 4 mars 1856).

De semblables actes n'ont pas besoin de commentaires. La mesure n'est-elle pas comble?

Sire, votre gouvernement souffrira-t-il plus longtemps le maintien d'un état de choses qui ferait croire que la France n'a ni le droit, ni la force, ni la volonté de faire respecter ses nationaux et son pavillon, cet apathique indifférence leur donne la sécurité à l'ombre de laquelle sont massacrés et dépouillés les Français et les étrangers, nos colons, et les indigènes nos alliés.

CHAPITRE IV.

> « N'est-ce pas aux Français, nés pour la gloire et pour les entreprises généreuses, d'accomplir enfin l'œuvre commencée par leurs aïeux. C'est agir noblement que de nous opposer à l'injustice des uns et à la cruelle barbarie des autres. De petits intérêts de commerce ne peuvent plus balancer les grands intérêts de l'humanité : il est temps qu'une nation civilisée s'affranchisse du joug que fait peser sur ses concitoyens une poignée de sauvage.
>
> (CHATEAUBRIANT.)

A quelque point de vue que l'on envisage la question de Madagascar, le maintien du *statu quo* est ruineux pour les intérêts de la France ; il serait inexplicable. En effet, nous nous considérons « *comme possédant, à l'exclusion de toute autre* » *nation*, » les droits les plus sérieux sur Madagascar. Le gouvernement de Votre Majesté, ne souffrirait aucune entreprise qui, de la part des étrangers, pourrait porter atteinte à ces mêmes droits.

Qu'a-t-on fait cependant, pour assurer l'occupation restreinte, à quelque point de l'île ? Hélas !

il est triste d'être obligé de l'avouer, *rien*. Le pavillon français flotte encore sur deux points du littoral; à Sainte-Marie et à Nossi-Bé. Eh bien! ce dernier établissement, fondé en 1850, dans des conditions les plus favorables, avec une population de 20,000 réfugiés sous notre protection, cette population est violentée et mal-menée par d'inintelligents administrateurs; ceux qui n'ont pas fui du sol français sont à peine protégés contre les Ovas, à la merci desquels ils sont journellement exposés. L'île de Nossi-Bé est dévastée, les villages incendiés? Et c'est avec une force de 60 hommes d'infanterie de marine que la France croit pouvoir sauvegarder d'immenses et légitimes intérêts! En définitif; notre action à Madagascar peut se résumer ainsi : *nous possédons des droits sur l'île ; son importance ne nous échappe point, nous ne faisons rien* pour nous en assurer la possession, nous n'y défendons ni notre drapeau, ni la vie de nos colons; et tous les outrages dont ces sauvages tribus ont abreuvé les Français, sont comptés pour rien.

Comment qualifier une semblable conduite? En vérité, cela est bien triste, l'indignation vous saisit au cœur et fait bouillonner le sang dans les veines, le front rougit de honte... assez d'humiliations!

Sire, il s'agit des intérêts les plus chers de la France, Votre Majesté ne saurait souffrir le maintien d'un pareil état de choses.

Les gouvernements qui ont précédé celui de Votre Majesté n'ont laissé échapper aucune occasion de proclamer les droits de la France sur l'île de Madagascar, les moyens qu'ils ont employés pour assurer ses droits par l'occupation même restreinte ont toujours été, il est vrai, insuffisants, ces droits n'en sont pas moins restés intacts, et les déclarations réitérées qui ont été faites à ce sujet, à diverses époques, applaniront singulièrement les difficultés que la rivalité envieuse de l'Angleterre pourrait nous susciter.

Il n'est peut-être pas inutile de rappeler ici les dates de quelques-unes de ces déclarations et les termes dans lesquelles elles étaient conçues.

Lorsque, en février 1822, le commandant de la corvette anglaise le *Menaï*, capitaine Moresby, se présenta dans la rade de l'île Sainte-Marie et demanda, au nom des autorités britaniques de Maurice et du Cap de Bonne-Espérance, à quels titres les Français étaient venus dans cette île, et quels étaient leurs projets sur Madagascar, M. Sylvain Roux, commandant, répondit : « qu'il agissait en vertu des » ordres du roi de France, et qu'il avait informé » de sa mission le gouverneur du Cap de Bonne- » Espérance, que du reste, il ne se croyait pas obligé » de faire connaître les lieux de la côte où il pour- » rait lui convenir d'établir ses postes ; que toute » l'île appartenait à la France, et qu'il protestait » d'avance contre toute atteinte qui serait portée à » son droit de propriété. »

A cette déclaration si catégorique de l'agent français, le gouverneur de Maurice répliqua qu'il ne « considérait Madagascar que comme une puissance » indépendante, actuellement unie au roi d'Angle- » terre par des traités d'alliance et d'amitié, sur le » territoire de laquelle aucune nation n'avait de » droits de propriétés, *hors ceux que cette puis-* » *sance serait disposée à admettre.* »

Une telle protestation n'était qu'un acte de mauvaise foi et ne pouvait être prise au sérieux, puisque les Anglais eux-mêmes avaient, en effet, reconnu implicitement, en 1816, les droits de la France, avant 1792, alors que l'Angleterre se considérait comme substituée aux droits de la France sur Madagascar, par la cession de l'île Maurice et de ses dépendances, prétendant « à la propriété et souveraineté de nos » anciennes possessions de Madagascar, ce droit de » propriété sur toute l'île malgache lui paraissait si » complet, qu'elle entendait s'en réserver le com» merce, et n'y laisser participer la France même » qu'aux conditions qu'il lui plairait d'établir; » mais lorsque le gouverneur de Maurice fut obligé, par son gouvernement de restituer nos établissements malgaches à l'administration de Bourbon, sir Farquhar ne vit plus dans notre ancienne colonie qu'un pays indépendant dont les cessions faites par Ra-Dama leur créature seraient seules vraies et seules admises et reconnues.

Sous la Restauration, lors de l'expédition du capitaine Gourbeyre, le prince de Polignac, alors ministre des affaires étrangères, écrivit à Ranavalo au nom du roi Charles X, « que la France attachait le » plus grand prix à la possession de Madagascar, » qu'elle avait toujours envié la possession défini» tive de cette colonie, comme le contre-poids na» turel de la puissance coloniale de l'Angleterre en » Orient. » (*The Times*, of 12 th. may 184).

Louis-Philippe, malgré l'entente cordiale, fut obligé, lors du désastre de Tamatave, de s'exprimer ainsi, par l'organe de M. Guizot (ministre) : « Le » gouvernement, a-t-il répondu aux interpellations » de la chambre, a senti la nécessité de prendre » dans les établissements de Madagascar une atti» tude forte, qui rétablit dans ces populations le » respect de notre puissance et *de nos droits*. »

« Non, il ne s'est rien passé, il ne pouvait rien ré« sulter de l'expédition, qui portât atteinte aux droits « de la France.

« Le maintien complet et rigoureux du *statu quo*, « quand à nos droits, a été la règle de notre con-

» duite dans l'*incident même dont on a parlé*,
» (expédition anglo-française sur Tamatave), il n'y
» avait rien qui touchât à ces droits. Des traitants
» anglais, comme des traitants français, établis à
» Madagascar; leur présence n'y était contestée par
» personne; les uns et les autres ont été également
» maltraités par la puissance locale. Le gouverneur
» de Maurice et le gouverneur de l'île Bourbon, ont
» voulu tirer vengeance de l'affront qu'ils avaient
» reçu et protéger leurs nationaux, français et an-
» glais, rendus sur les lieux *sans concert préala-*
» *ble*, sans aucun sacrifice des uns et des autres,
» sans que de leur part ni des uns ni des autres,
» rien impliquât une reconnaissance ou le désaveu
» de droits antérieurs, ils se sont contentés, les
» uns et les autres, de pourvoir aux nécessités du
» moment; ils l'ont fait en commun, comme ils
» se seraient défendus en commun contre la tem-
» pête. Tels sont les faits, Messieurs, et *ces faits*
» *n'entament point les Droits.*

» Les titres, les droits de la France, le gouver-
» nement *ne veut ni les abandonner, ni les inva-*
» *lider.* » (Moniteur du 6 février 1846).

La question de nos droits est tranchée péremptoirement devant la chambre par le ministre du roi qui déclare solennellement que nos droits sur Madagascar sont intacts. Si les titres, si légitimes de la France à l'occupation de cette île, ont été un instant contestés par une puissance rivale, la Providence a permis que la mauvaise foi de cette nation tournât à l'avantage de notre patrie, en lui fournissant l'occasion d'exiger la reconnaissance de ses droits par ceux-mêmes qui les lui disputaient, en affectant de ne reconnaître qu'une seule puissance à Madagascar, la tribu Ova, lui prêtant ainsi, pour arriver à ces fins, une autorité et des droits qui n'existaient pas. J'ai examiné, plus haut, l'origine de cette prétendue puissance des Ovas et fait connaître le but que s'était proposé l'Angleterre et la nature des liaisons qui existaient entre eux : je suis dispensé de revenir sur ce point.

Un fait qui est peu connu et qui prouve jusqu'à quel point le sentiment de nos droits est puissant à Madagascar : le contre-amiral Février des Pointes reçut, en 1849, lorsqu'il remplissait une mission sur les côtes de l'île Malgache, un message de Racout, fils de Ranavalo, l'élève des ministres protestants, agents britaniques, le fils de cette reine qui a chassé les européens de son territoire et juré d'exterminer les Français qui occupent encore Sainte-Marie et Nossi-Bé, Racout, d'accord avec un grand nombre de notabilités Ovas, les plus puissants *réclamaient par cette missive* l'assistance de la France pour contraindre Ranavalo, sa mère, à se démettre du pouvoir; en échange du secours qu'il demandait, il proposait de lui céder toute la partie de l'île en partant en ligne directe de Tamatave à Bombetok, se réservant la partie sud, à la condition qu'elle reconnaîtrait son pouvoir sur cette portion de Madagascar, et offrait de se placer sous la protection de la France ; il déclarait, par avance, se soumettre à la déchéance de ses pouvoirs dans le cas où il aurait donné de légitimes sujets de plaintes à la nation dont il réclamait l'intervention et l'appui ; il avait rédigé à cet effet une proclamation en ova, laquelle était signée par lui et par les princes de sa tribu.

Il y va de l'honneur de la France d'opposer son droit et sa volonté aux prétentions politiques de l'Angleterre, en faisant justice de la prétendue souveraineté des Ovas sur les autres tribus malgaches, souveraineté dont ils ont voulu imposer tyraniquement la reconnaissance à nos colons comme condition de leur séjour dans l'île et sous peine de mort pour les naturels.

Ne serait-ce pas, Sire, confirmer la négation de nos droits et de nos titres, que de laisser peser plus longtemps la puissance ova sur les tribus malgaches ?

Ra-Dama, homme intelligent, comprenant les avantages que lui procurait sur ses voisins la connaissance des arts et de l'industrie, lui fit accueillir les Européens dans son pays, les secours pécuniers et le matériel de guerre qu'il en tirait lui fit tolérer la présence des missionnaires anglicans et servit, sans s'en douter, les vues politiques de l'Angleterre ; dirigé et secondé par les Anglais, il assujétit un certain nombre de tribus malgaches, il ravagea l'île entièrement, il fut craint des indigènes, toutefois, il ne put soumettre qu'une partie des habitants, moins bien pourvus que lui d'armes et manquant d'armes à feu, c'est avec le matériel de guerre et les secours des vaisseaux anglais, que Ra-Dama pût porter la guerre sur les côtes de l'île et en particulier sur la côte orientale.

Depuis la mort du chef ova, les vaincus s'étaient révoltés contre le gouvernement barbare, inepte et cruel de Ranavalo, surnommée la Caligula féminin, par les ministres protestants. Son pouvoir s'est émoussé par les proscriptions et le sang des chrétiens. Elle proscrivit la religion chrétienne et interdit l'usage du vaccin, introduit à Madagascar, fit tuer les chevaux, mules, chats et autres animaux domestiques apportés par les Européens ; c'est ainsi qu'elle comprit la civilisation.

Les hommes cupides qui dirigent son gouvernement se sont faits banians de bas étage, l'argent est leur unique préoccupation ; avec de semblables dispositions, il n'était pas difficile à Lastel, Laborde et consorts de faire entendre aux agents de Ranavalo, qu'ils devaient exploiter tout le commerce de l'île et tendre à la souveraineté, moins pour le résultat politique que comme moyen d'enrichir les conseillants et les conseillés; c'est là l'origine de toutes les tracasseries faites aux Européens, la loi qui leur ordonne de se faire Ova ou de quitter l'île n'a pas d'autre source, la malheureuse expédition de 1845 à Tamatave, en est la conséquence, ainsi que leur expulsion et la fermeture des ports ovas. Ces indignes compatriotes s'étaient fait sujets ovas et de compte à demi avec Ranavalo pour exploiter le commerce. Honte à ces infâmes renégats, qui, pour de l'argent, abjurent leur patrie, la civilisation, l'honneur et la fidélité qu'ils doivent à leur nationalité et à leur pavillon, que le sang répandu à Tamatave retombe sur leur tête!

Il serait inutile de renouer des relations avec les Ovas, pour obtenir d'eux la satisfaction qui nous est due. La duplicité bien connue de leur caractère ferait avorter toutes tentatives nouvelles, faites dans ce sens; il importe, au contraire, de ne pas traiter de *puissance à puissance*, ce serait valider leurs prétentions, consacrer leur pouvoir, et se créer des difficultés dans l'avenir.

Une nation comme la France ne conclue de traités qu'avec un peuple ami ou un pouvoir honorable, mais non avec une horde pillarde et cruelle comme les Ovas et son chef Ranavalo.

Je ne crois pas, en effet, qu'il faille de nouveau avoir recours aux moyens qui ont été employés précédemment, l'expérience a prouvé que les demi-mesures n'aboutissent en définitif qu'à augmenter chez ces sauvages le sentiment de notre faiblesse, et rendent impossible toute solution honorable et promptement obtenue.

L'occupation de quelques points sur les côtes et l'introduction du protectorat de la France à Madagascar ne produirait pas un bon résultat; je dis plus, il serait dangereux d'y avoir recours; car il laisserait subsister la domination Ova, et pourrait infailliblement compliquer la question malgache, en permettant aux Ovas de faire appel à une intervention étrangère et, parconséquent rivale de nos intérêts.

Le seul et salutaire moyen à employer contre les Ovas est le châtiment; ils ont repoussé toute alliance commerciale avec nous, répondu à nos propositions de paix par la ruine de nos établissements et l'anéantissement de notre commerce, ils ont arrosé le sol malgache du sang français; ils ont massacré les vaincus et persécuté les tribus de l'île et se sont rendus odieux à tous, qu'ils subissent les conséquences de leur conduite barbare, que leur domination soit détruite; Dieu en a compté les jours, c'est vous qu'il a choisi pour cette œuvre d'humanité; le jour où l'autorité de votre gouvernement franchira les plages de Madagascar, ce jour verra la rénovation des peuples malgaches.

C'est en s'emparant du territoire des Ovas que l'on mettra fin à leur tyrannie, c'est à Tananarivou qu'elle peut d'un seul coup détruire ses ennemis et la prépondérance de l'Angleterre dans la mer des Indes.

Ce résultat peut être facilement obtenu; soixante-dix lieues au plus séparent Emirne, capitale Ova, du port de Bombetok, la route est facile, on peut remonter le fleuve, le Betsimiboka, qui a son embouchure dans ce port, lequel est navigable à plus de quarante lieues, les trente qui restent à faire peuvent être fait par terre, les chemins sont praticables, même pour l'artillerie; car c'est par là qu'est arrivée celle qui est à Tananarivou. La conquête serait d'autant plus facile, que les autres tribus, celles des Sakalaves surtout, dont on aurait à traverser le territoire, harcelées sans cesse et décimées par les Ovas seraient, dans cette circonstance, les fidèles coopérateurs de la France.

La tribu des Ovas possède, en outre du territoire d'Ankova, quelque partie du littoral de l'est et plusieurs postes disséminés chez les Betanimènes, les Betsimitsarakas et les Antankars, peu chez les Sakalaves du nord et point chez ceux de l'ouest et le Fort-Dauphin au sud ; partout ailleurs, leur autorité est nulle, et dans les provinces où ils ont des postes militaires ils vivent en état d'hostilité permanente. La grande nation Sakalave n'a jamais été soumise ; en 1853 les Ovas ont été battus. Quoique Racout fut à leur tête, en 1854, les Ovas du Fort-Dauphin étaient bloqués par les indigènes du voisinage et mouraient de faim, ils auraient été obligés de se rendre sans les secours de tous genre que leur procura un capitaine de navire, et c'est pour la deuxième fois qu'ils se trouvent dans la même position.

Les postes ovas sont disséminés sur les côtes, à de très-grandes distances de Tananarivou, ils ne leur seraient d'aucune utilité dans le cas présent, ils leur seraient un immense embarras s'ils étaient attaqués; car comment leur porter du secours sans avoir de navires, et les troupes et les provisions de guerre seraient obligées de passer sur le territoire des ennemis, car les tribus soumises ne sont au fond que des ennemis qui n'attendent que le moment pour se venger de l'oppression ova.

Ces postes ou toubis ne pouraient résister à la moindre attaque de notre marine ; quant à leurs soldats, ils se laissent facilement abattre par la fatigue et la crainte du péril, ils ont pu obtenir, avec le secours des Anglais et la supériorité de leurs armes, des succès sur les autres Malgaches, lorsque Ra-Dama, les commandait, ou plutôt les officiers anglais, mais depuis, leur puissance s'est bien amoindrie, ils n'ont plus l'Anglais, ni les ressources immenses en tout genre qu'il leur prodiguait; partant plus de victoire, et plusieurs peuples soumis ont secoué le joug Ova, à plus forte raison les Européens l'emporteraient par leur valeur et leur science militaire sur l'énergie de ces sauvages, qui, du reste, n'ont du courage que pour attaquer un ennemi faible et pour le piller, mais lorsqu'ils sont attaqués ils perdent aisément la tête et jettent leurs armes pour fuir plus vite. On a vu des Sakalaves entourer les toubis ovas pendant la nuit, au premier cri d'alarme la garnison ova s'enfuir, se cacher dans les bois et ne rentrer qu'après s'être assurée que l'ennemi avait disparu, voilà la tactique malgache : à ce jeu il n'y a pas grand courage.

Les Ovas peuvent mettre vingt mille hommes en campagne, ils pourraient s'adjoindre dix mille des tribus non encore soumises, il est certain qu'au premier choc avec les Français ils passeraient dans nos rangs où abandonneraient les Ovas : pour quant aux tribus non encore soumises, elles seraient toutes à nous; nos soldats seraient accueillis par elles avec sympathie, en un mot tous les malgaches verraient en eux des libérateurs.

Cette attaque des forces françaises en imposerait tellement aux uns et aux autres que les Ovas ne pourraient résister et seraient promptement démoralisés, par la terreur que nos armes leur inspireraient, ils seraient vaincus avant d'être défaits et le premier coup de canon tiré sur les cases de Tananarivou, briserait la puissance ova et elle disparaîtrait comme la plume emportée par l'ouragan.

Le territoire d'Ankova pourrait donc facilement être conquis, quant à celui des autres tribus malgaches, il pourrait plus facilement encore être occupé ; alors la France entrerait en possession de la plus belle colonie du monde ; un petit corps d'armée peut nous l'acquérir.

« Christophe Colomb découvrit l'Amérique, et
» quoique l'Espagne n'y envoyât point de forces
» qu'un petit prince de l'Europe n'eût pu y envoyer
» tout de même, elle soumit deux grands empires,
» et d'autres grands Etats. »

(*Esprit des lois*, livre XXI. Ch. XXI.)

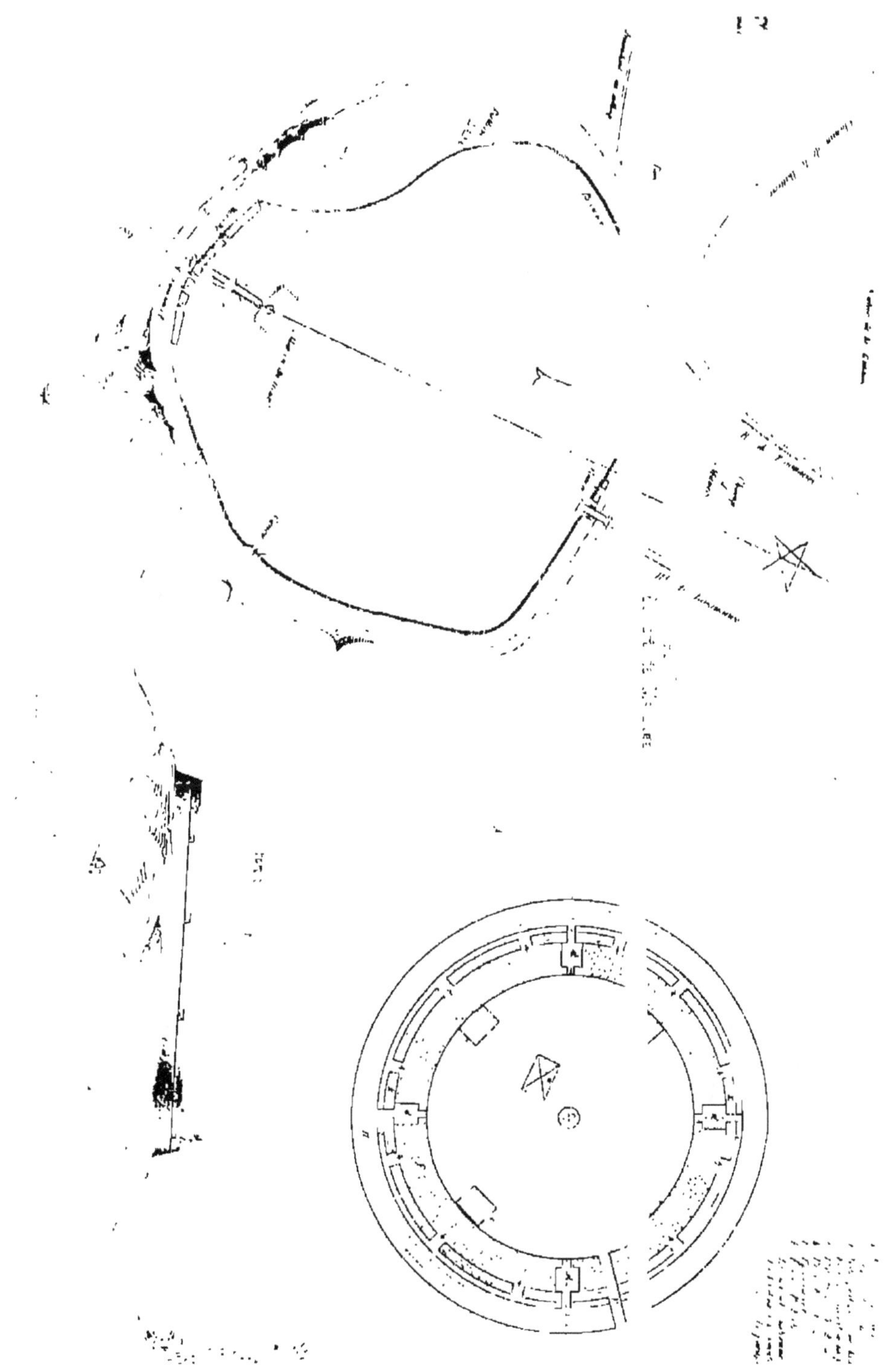

CHAPITRE V.

« Plus une conquête est grande
« mieux on la conservera par les
« colonies. »

Esprit des lois, liv. XXI, ch. XXI.

« La colonisation est le seul re-
« mède au paupérisme.

VATTEVILLE, rapport, etc.

« Peu d'hommes dans les con-
« seils des rois s'occupent du bon-
« heur national des hommes. Quand
« on perd de vue ce grand objet
« on perd bientôt de vue le bon-
« heur national et la gloire du
« prince.

« BERNARDIN DE ST-PIERRE. »

C'est alors que l'émigration pourrait s'acheminer sur le sol vierge de la France orientale, d'une fécondité admirable, l'activité déployée par le colon l'aurait bientôt recompensé au centuple de ses travaux, en retour du bien-être que lui donnerait la France ; son commerce au long cours y trouverait des retours avantageux, qui lui donneraient un élan jusqu'alors inconnu de nos armateurs. L'émigration qui se porte dans les mers australes trouverait à Madagascar, avec bien plus de chances de succès, et cela sans sortir de l'Empire et à quelque centaines de lieues au sortir de la mer Rouge, si près de la Méditerranée.

La génération présente se souviendra que c'est aux colonies voisines de Madagascar que nos pères, autrefois partis de l'Orient, de Saint-Malo, de Nantes, de Bordeaux et de Marseille, ont fait fortune, et encore n'avaient-ils pas un champ aussi étendu, et un sol aussi fécond que celui de la grande île africaine.

Pourquoi émigrer si loin ? N'avons-nous pas l'Algérie dira-t-on. Pour les colons, le sol de Madagascar est bien préférable et surtout n'exige pas de laborieux travaux de défrichements comme le sol algérien, voilà pour l'individu; mais pour l'Etat, la colonisation de cette île est d'une toute autre importance commerciale, et surtout politique, pour la France entière, tandis que l'Algérie ne favorise que le port de Marseille; cette colonie, somme toute, ne sera jamais qu'une province de plus ajoutée à la France méridionale.

Les 478,400 hectares de forêts algérienne peuvent-ils être comparés aux millions de l'île de Madagascar, peuplée d'essences précieuses aux arts et à l'industrie ?

Les produits algériens feront concurrence aux départements du midi, le sol ne pourra produire ceux que nous sommes obligés d'acheter aux Anglais, Hollandais et Américains.

Sire, ce sont ces produits que l'on peut tirer de Madagascar, cette colonie ne ferait de concurrence qu'à l'Inde. Si l'Algérie est une position militaire d'une haute importance, l'île malgache est le complément de notre système politique africain, elle étend un bras sur ce continent, l'autre sur la mer Rouge, l'Abyssinie et l'Arabie, tandis que sa tête regarde avec vigilance le Cap-de-Bonne-Espérance, les Indes et l'Australie; de ses flancs peuvent sortir des flottes qui, au besoin s'interposeraient entre l'Angletere, la Perse, la Russie, la Chine et l'Amérique. (E) La puissance qui disposera de l'Inde, » a dit Pierre le Grand, sera maîtresse du monde. » L'isolement de Madagascar de toute frontière ennemie joint aux éléments de force et de prospérité qu'elle renferme, la ferait, en peu de temps, plus puissante que l'Inde elle-même; bien qu'avec une population infiniment minime, car ce n'est pas le grand nombre qui prouve la richesse et la puissance, l'Angleterre en est une preuve. La France en colonisant lîle malgache ne tarderait pas à annihiler la prépondérance britanique dans la mer des Indes, et pourrait hardiment la revendiquer pour son propre compte, tant la colonisation et la position maritime de cette île lui donneraient une force et une puissance formidable en face de sa rivale.

La nature appelle dans Madagascar déserte, la surabondance des peuples de l'Europe; elle y a tout disposé avec des attentions maternelles, pour dédommager les Européens de l'éloignement de leur patrie. Il n'est pas besoin là, pour cultiver les grains et faire paître les troupeaux, de se morfondre à la gelée, ou de fendre la terre avec de lourdes charrues pour lui faire produire des aliments, où de fouiller ses entrailles pour en tirer le fer, la pierre, l'argile, et les matières premières de nos meubles et de nos maisons. La nature facile, y a placé sur des arbres, à l'ombre, et à la portée de la main, tout ce qui est nécessaire et agréable à la vie humaine.

Elle y a mis le laitage et le beurre dans les noix du cocotier, les crêmes parfumées dans les pommes de l'atte, du linge et des mets dans les grandes feuilles satinées et dans les figues du bananier, des pains tout prêts à cuire dans les patates et les racines du maniok, du duvet plus fin que la laine des brebis dans les gousses du cotonnier. Elle a dispersé, pour les délices de la vie, les besoins de l'agriculture et du commerce, d'innombrables cours d'eau qui vivifient son sol, et par la ressemblance des températures de cette nouvelle France, aux diverses températures du globe, elle promet à ses futurs habitants d'adopter en leur faveur, le café, la canne à sucre, l'indigo et les productions végétales les plus précieuses de l'Afrique et de l'Asie. Si la liberté et la vertu couvrent de leur égide les premiers cultivateurs de cette île, que de charme l'industrie française ajoutera à la fécondité du sol et à l'heureuse température des tropiques. (G)

Il n'y a là ni frimats, ni chaleurs excessives à craindre; et quoique le soleil y passe deux fois l'année au zéenith, chaque jour, lorsqu'il s'élève sur l'horizon, il amène avec lui de dessus la mer, un vent frais qui rafraîchit jusqu'au soir les montagnes et les vallons. Que de retraites heureuses y trouveraient, dans cette île fortunée, nos pauvres soldats et nos paysans sans possessions! Il n'en coûterait guère à l'État que les frais d'établissement des premières familles, en les disséminant sur divers points, elles assureraient notre domination, notre puissance y serait inexpugnable.

Le mauvais choix des émigrants y sémeraient l'ivraie sociale, des citoyens à charge à leur ancienne patrie par leurs vices, ne peuvent concourir à en faire prospérer une nouvelle. Les Grecs et les Romains employaient la fleur de leur jeunesse, et leurs meilleurs citoyens pour fonder leurs colonies; elles sont devenues des empires. Les célibataires militaires, marins, de robes et autres employés qui remplissent nos colonies des passions de l'Europe, d'opinions corrompues et de mauvaises mœurs sont loin de valoir de braves laboureurs, la culture de la terre attache au sol par les soins qu'il faut lui donner, le travail manuel charme les soucis de l'âme, il fixe l'inquiétude naturelle, il fait fleurir parmi le peuple la santé, le patriotisme, la religion et le bonheur.

Peu d'hommes dans les conseils des rois, s'occupent du bonheur national des hommes. Quand on perd de vue ce grand objet, on perd bientôt de vue le bonheur national et la gloire du prince. Nos politiques, en tenant nos colonies dans un état précaire, de pénurie et d'inquiétude ont méconnu le caractère de l'homme, qui ne s'attache au lieu qu'il habite que par le bonheur.

En leur donnant perpétuellement de nouveaux chefs militaires et civils, des magistrats qui leur sont étrangers, qui les tiennent sous un joug dur, des hommes enfin avides de fortunes ; ils ont méconnu le caractère français, qui n'a pas besoin de ces barrières pour le retenir dans l'amour de la patrie, puisqu'il en regrette partout les productions, les honneurs, et jusqu'aux désordres, ils ne réussissent à en faire ni de bons colons, ni des patriotes pour la France; ils méconnaissent à la fois les intérêts de leur nation et du prince qu'ils veulent servir. (Bernardin de Saint-Pierre, *Etude de la nature.*)

Une fois bien établis, nous y serions inexpugnables. Coloniser Madagascar, c'est assurer à la France sa prépondérance dans l'Océan Indien, et faire rayonner sur le monde asiatique les lumières de la civilisation chrétienne. Quel but plus noble et plus élevé que cette œuvre humanitaire qui doit si bien entrer dans l'esprit de dévouement que Votre Majesté porte au service de la patrie.

La France achète chaque année pour 123,000,000 de fr. de coton, Madagascar en produit de très-beau, les plus belles espèces d'Amérique y viendraient admirablement. Le tabac, l'indigo et toutes les denrées exotiques y sont d'une qualité remarquable, surtout le tabac, mais son produit par excellence c'est le riz, le plus beau du monde.

Nous achetons pour 36 millions chaque année de métaux bruts, ils y sont en grande abondance, surtout les fers, qui peuvent rivaliser avec ceux de Suède, nous sommes tributaires pour 169 millions de soies étrangères, lorsque l'île semble être la patrie de cet intéressant insecte. N'est-ce pas malheureux d'acheter pour 36 millions de fr. de sucres étrangers et pour 37 millions de fr. de cafés, lorsque le sol de la grande île est si fertile et où ces deux produits sont si riches et si abondants? je n'en finirais pas si j'énumérais les sommes immenses que nous portons à l'étranger pour les produits que le sol et la colonisation de l'île malgache nous fourniraient; elle n'est pas moins riche en bestiaux et volailles, gibiers et autres denrées. Placée sur la route de l'Inde, de la Chine et de l'Australie, Madagascar tirerait un parti avantageux des productions de son sol, et de son industrie.

Mais n'offre-t-elle pas aussi d'immenses débouchés à nos objets manufacturiers? les calicots, les toiles, les indiennes et autres tissus que pourraient consommer dès aujourd'hui les indigènes; une population de quatre millions d'habitants offrirait un roulement d'affaires d'aumoins 40 à 50 millions de francs, tant sur les exportations que sur les importations, ce chiffre ne paraîtra point exagéré lorsque l'on saura que ce commerce se fait par échange. Quelle bonne fortune pour l'écoulement de nos produits manufacturiers, notre industrie manufacturière sortirait de la sphère étroite dans laquelle elle déploie son activité. L'éloignement de cette colonie lui serait avantageux, au lieu d'être un obstacle à notre commerce, ainsi que quelques-uns le prétendent.

« Cette éloignement fait que ceux qui vont s'y » établir ne peuvent prendre les manières de vivre » d'un climat si différent ; ils sont obligés de tirer » toutes les commodités de la vie du pays d'où ils » sont venus. Nos colonies ont des objets de com- » merce que nous n'avons pas et ne pouvons avoir ; » elles manquent de ce qui fait l'objet du nôtre. » (*Esprit des lois*, livre XXI ch. XXI).

Le commerce au long cours, n'est pas le moins intéressé dans cette question. Il est à remarquer que la population croît en France et que le commerce y décroît, lorsqu'elle comptait 25 millions d'âmes, en 1788, son commerce d'exportation avec les colonies était de 119 millions. En 1842, la population était de 34 millions d'âmes, son commerce d'exportation n'était plus que de 52 millions.

En 1828, l'effectif de notre marine marchande est de 693,381 tonneaux, en 1839, il est de 673,303 tonneaux, en 1843, de 599,707 tonneaux. En 1831, la France avait 15,031 navires marchands ; en 1844, elle n'en a plus que 13,679, notre marine était au-dessous du sixième de la marine anglaise, laquelle fait (1848) aujourd'hui 0,72 des transports de l'Angleterre, les navires français n'opèrent que les 0,34 des transports de la France.

En 1846, les hommes d'Etat les plus remarquables vinrent tour à tour à la tribune avec des faits et des chiffres, réclamer au nom du pays, l'attention du gouvernement sur l'état de la marine française ; l'opinion publique et le commerce s'en sont vivement préoccupés, depuis lors elle a fait quelques progrès, la République en a pris l'initiative et le gouvernement de Votre Majesté lui a donné un développement considérable, vous en êtes le restaurateur et l'avez fait sortir de l'état fâcheux dans lequel Louis-Philippe l'avait laissée languir.

L'effectif des navires marchands au 31 décembre 1852 était de 14,450 navires à voiles, de 699,256 tonneaux et 151 navires à vapeur, de 22,171 tonneaux. « La marine anglaise au 31 décembre 1854 avait 35,960 navires, présentant un tonnage de 5,043,260 et employant 266,491 marins. (Extrait de *la Presse* du 20 avril 1855).

La guerre faite à la Russie a excité chez nous une grande ardeur maritime, le manque de navires et le besoin qu'en avait notre commerce l'ont stimulé à construire. Le gouvernement de Votre Majesté comprend qu'un empire, baigné par les deux mers, ne peut renoncer à être une pareille puissance maritime de premier ordre. Pas de marine marchande, pas de marine militaire! et pas de commerce au long cours sans colonies. En un mot, il nous faut une colonie maritime qui remplace avantageusement celles que nous avons perdues, et notamment Saint-Domingue. Madagascar est cette colonie qui nous dédommagera de la perte de nos colonies d'Amérique. Le jour où cette île sera occupée par la France, sera le jour de la résurrection de notre marine, et la naissance de jours de prospérité pour notre commerce au long cours.

« L'abandon où les capitalistes ont laissé jusqu'ici
« notre commerce maritime est vraiment inexplicable.
« cable. Ils avaient dans la main une affaire dont
« les proportions doivent grandir chaque jour, qui
« doit profiter de tous les progrès de l'industrie et
« de l'agriculture, qui réunit par conséquent, tous

« les éléments et toutes les garanties de succès, et « ils ont mieux aimé se jeter dans toutes sortes de « spéculations absurdes, aléatoires et souvent rui« neuses. Aussi, l'insuffisance de notre marine est« elle en quelque sorte proverbiale dans tous les « grands centres commerciaux du monde. Nous « sommes appelés partout, nous n'allons nulle part, « et la marine étrangère prélève sur nous, chaque « année, et à coup sûr, des sommes considérables, « que nous avons la bonhomie de lui abandonner.

« Ainsi, par exemple, il résulte du tableau général « du commerce de la France avec ses colonies et « avec les nations étrangères, publié par l'adminis« tration des douanes, que, pendant les cinq premiers « mois de 1852, 1853, et 1854, le mouvement gé« néral de notre commerce maritime à été à l'entrée « et à la sortie, de 5,500,000 tonnes, qui ont em« ployés 42,000 navires, dont 18,500 français et « 23,500 étrangers.

« Dans l'espace de quinze mois, la France à donc « emprunté 23,500 navires qui ont eu les bénéfices « du frêt sur 3,300,000 tonnes, lesquelles, à « 30 francs seulement en moyenne, représentent « 99 millions de francs que nous avons payés à l'é« tranger pour faire notre propre commerce.

Il n'y a pas de ressource plus assurée pour la construction de nos navires, et par conséquent, l'augmentation de notre marine, que les matériaux et les avantages qu'offrirait, en ce genre, la colonisation de Madagascar, elle ouvrirait une route nouvelle à nos clippers. « Madagascar et ses dépen« dances, offrent des ressources inépuisables : elle « va devenir un marché considérable et le centre « du commerce de Mozambique, des côtes Natal, de « Zanzibar, du golfe Persique et Coromandel. La « colonisation de cette île est appelée à donner à

« notre marine marchande une impulsion et un dé« veloppement dont notre industrie manufacturière « et notre agriculture ressentiront les effets. En « outre, elle mettra un terme à un état de choses qui « place la France dans une situation d'infériorité « humiliante vis-à-vis de l'Angleterre et des Etats« Unis » (A. Peyrat, *Presse* du 12 août 1855).

Si les millions que nous portons à l'étranger pour les produits exotiques restaient entre les mains des colons malgaches, ils lui assureraient en peu de temps une prospérité inimaginable, mais que l'on peut apprécier jusqu'à un certain point par le tableau ci-joint des denrées que nous fournit l'étranger, les-quelles se trouvent à Madagascar.

« Les fabriques et les manufactures font, dit-on, « entrer des millions dans un Etat ; mais les laines « fines, les teintures, l'or et l'argent et les autres ap« prêts qu'on tire des étrangers, sont autant de tri« buts qu'il faut leur rendre. (*Etude de la Nature*, « Bernardin de Saint-Pierre.)

Marchandises importées en France pendant 1852.

1	Soie.	169,000,000
2	Coton en laine.	123,960,000
3	Laine en masse.	89,400,000
4	Sucre étranger.	36,063,757
5	Tabac en feuilles.	16,200,000
6	Peaux brutes.	39,300,000
7	Café (dont 828,647 des colon. franç.)	38,300,000
8	Indigo.	24,200,000
9	Graines oléagineuses.	18,600,000
10	Arachides.	6,300,000
11	Bois exotique.	11,600,000
12	Cochenille.	2,500,000
13	Riz.	9,000,000
14	Poissons de mer.	10,700,000

15	Poivre et piment.	3,736,610
16	Fonte brute.	14,100,383
17	Gomme exotique.	5,200,000
18	Fers autres que la fonte brute.	4,700,000
19	Ecorce de quinquina.	1,800,000
20	Cacao.	3,194,034
21	Graisse de poissons.	3,300,000
22	Gerofle.	400,000
23	Thé.	100,000
24	Huile d'olive.	22,4000,000
25	Sagou.	91,348
26	Citrons, oranges confits et autres.	11,824,132
27	Pistaches.	4,134,177
28	Amandes.	104,602
29	Cesame.	22,962,714
30	Canelle.	126,482
31	Muscade.	900,000
32	Vanille.	12,614
33	Gimgembre.	8,974
34	Gomme colophane pour brayer.	3,000,000
35	Gomme copal.	400,000
36	Gomme pure,	3,618,544
37	Benjoin.	27,710
38	Copahu.	23,755
39	Huile de palme et de coco.	6,000,000
40	Huiles grasses.	1,000,000
41	Caoutchout et gutta perca.	387,873
42	Aloès.	19,681
43	Opium.	8,190
44	Camphre.	90,000
45	Garance.	1,200,000
46	Lychen tinctoriaux.	1,192,594
47	Safran.	34,916
48	Carthamme.	329,668
49	Minerai.	20,839,596
50	Rhum et tafia.	1,577,427
51	Légumes secs etleurs farines.	13,261,272
52	Jonc et bambou.	1,400,000
53	Maïs.	307,277
	Total, fr.	750,978,335

CHAPITRE VI.

« Les hommes, par leurs soins et par
« de bonnes lois ont rendu la terre
« plus propre à être leur demeure.
« Nous voyons couler les rivières là où
« étaient des lacs et des marais ; c'est
« un bien que la nature n'a point fait,
« mais qui est entretenu par la nature.

Esprit des lois, liv. XVIII, ch. VII.

L'insalubrité est une des objections les plus grandes qui aient été présentées au sujet de la colonisation de Madagascar.

On ne peut nier qu'on ne soit exposé, sur le littoral, à des fièvres intermittentes, dont le danger, du reste, a été fort exagéré. Elles ne peuvent être comparées aux fièvres jaunes des Antilles, ni à celles de l'Afrique et des Indes, qui sont toujours accompagnées de dyssenterie, flux de sang et souvent de choléra.

Les fièvres malgaches n'ont pas même la malignité de celles de Rochefort et de Sologne, bien loin de la nature endémique des fièvres de ces pays ; elles cèdent facilement à l'emploi du sulfate de quinine. Celui dont la vie est sage, et évite les excès, cet homme, dis-je, y sera moins exposé. Une vie déréglée est la source de toutes sortes de maladies, même dans les climats les plus sains, malheureusement on est forcé de convenir que beaucoup de traitants européens, qui ont habité sur les côtes de Madagascar, ont accusés le climat et ont fait retomber sur lui les causes de leurs maladies, tandis qu'ils devaient en rendre responsable leur inconduite et leur imprévoyance.

La cause de ces fièvres est connue. Les rivières, obstruées à leurs embouchures par le refoulement des sables, répandent leurs eaux le long du rivage et y forment des marais. Les vapeurs qui s'en exhalent produisent la fièvre malgache. Elles disparaîtraient sous l'influence des défrichements et des irrigations, qui préviendraient la stagation des eaux.

L'insalubrité cesse, à quelque distance des plages; l'intérieur de l'île est parfaitement sain, à partir de sept ou huit lieues des côtes : le centre, surtout, jouit d'un climat au moins aussi sain que celui de la France, au dire de tous les Européens qui l'ont habité.

« Si l'on pouvait embrasser du regard toute la
« surface du globe, il n'est pas de région où l'on ne
« trouvât une plus ou moins grande étendue de sol
« dans les conditions des côtes de Madagascar. l'Eu-
« rope du nord, en Hollande, en Russie, en Norwège,
« l'Europe méridionale en Grèce, en Turquie, les
« bouches du Danube et en Italie; le littoral de l'A-
« frique, l'Asie centrale, le delta du Gange et dans
« l'Inde, les bords de l'Euphrate et dans l'empire
« chinois, et surtout l'Amérique et l'Océanie en sont
« couverts.

« La France même n'est pas exempte du fléau qui

« cause les fièvres intermitentes de Madagascar, et « c'est rester au-dessous de la vérité, que de porter « à 600,000 hectares l'étendue des surfaces occupées « par des marécages, sans compter celles qui sont « découvertes par les marées et qui exhalent des « miasmes délétères, connus sous le nom de mal- « aria. *La Presse*, 14 septembre 1855, prouve que « cette appréciation était au-dessous de la vérité.

« En France, dans plusieurs départements, des « terres, sont chargées d'une eau infecte qui, à « chaque printemps, laissent échapper de leur sein « ces roseaux à tête limoneuse, du milieu desquels « s'exhalent des miasmes empestés, qui portent « partout la maladie et la mort. Ces marais forment « ensemble, environ 40 lieues carrées. » Ainsi, la quatre-vingt-septième partie de la France est couverte d'eau croupissante, sa culture est privée de 1,777,000 arpens.

Le génie de la civilisation a-t-il donc jamais reculé devant la fièvre? et tout récemment encore nos soldats n'ont-ils pas bravé les fièvres du littoral de la mer Noire, et dans des conditions toutes autres que celles des colons entourés de sécurité et de confortable. Comparativement, cette crainte n'a pas empêché que les Antilles, bien autrement insalubres que Madagascar, d'être converties en colonies florissantes ainsi que les côtes du golfe Mexique?

Des climats funestes aux Européens ont-ils empêchés les Anglais de s'établir dans l'Inde, les Hollandais à Java, à Batavia, les Espagnols à Cuba et les Portugais à Goa et sur les côtes d'Afrique; toutes ces nations ont fondé de magnifiques colonies, sources d'inépuisables richesses. Le génie de l'homme s'attaque au climat lui-même, et par la persévérance de ses efforts, et par une heureuse combinaison de travaux, il parvient à l'assainir. L'exposition de cette année a rempli l'esprit d'admiration de tous ceux qui ont vu les moyens mécaniques que cet art met à la disposition de l'homme, tant pour les travaux hidrauliques qu'agricoles, et pourtant, sans le secours de ces puissants instruments, des travaux d'assainissements faits à Madagascar, ont donnés d'heureux résultats, tant à Nossi-Bé qu'à Sainte-Marie.

On le voit, le reproche d'insalubrité à été fort exagéré, attendu qu'elle n'est que locale et accidentelle, que la cause disparaisse et le mal disparaîtra avec elle, cela est facile avec les forces mécaniques qui permettent de faire à cent fois meilleur marché, et cela en fort peu de temps, ce que des centaines d'hommes ne faisaient que fort longuement.

CHAPITRE VII.

« La paresse est l'effet de l'orgueil,
« le travail est une suite de la vanité.
« La vanité d'un français, le portera à
« savoir travailler mieux que les au-
« tres.

Esprit des lois, liv. XIX. ch. IX.

« En voyageant aujourd'hui on s'a-
« perçoit que les peuples veillent le
« sac sur le dos ; prêts à partir, ils sem-
« blent nous attendre pour nous mettre
« à la tête de la colonne. Un français
« est toujours pris pour l'aide-de-camp
« qui apporte l'ordre de marcher.

Outre Tombe, tome X, p. 334.

« Notre gloire est sans seconde :
« Français, où sont nos rivaux !
« Nos plaisirs charment le monde,
« Eclairé par nos travaux. »

BÉRANGER, le *bon français*.

Un préjugé généralement répandu, représente les Français comme n'étant point aptes à coloniser, et pour celà, l'on ne manque pas de les mettre en parallèle avec les Anglais, que l'on préconise comme étant le seul peuple colonisateur ; cette opinion est fort éronnée. Ils sont loin, cependant, de posséder à cet égard, toutes les qualités des Français ; quelle différence dans les caractères! La morgue des Anglais est devenue proverbiale; l'intérêt seul les rapproche des indigènes chez lesquels ils ont autorité; le climat brumeux de la Grande-Bretagne a fait d'eux des êtres froids, flégmatiques et guindés, qui les porte à vivre dans leur intérieur et pour eux; le culte pouvait modifier en eux ces tendances, mais le culte philosophique et tout intérieur qu'ils professent n'a fait que développer en eux ces propensions, en les dispensant, d'assister à des cérémonies religieuses. Leur culte ne parle point à l'imagination et au cœur des populations qui sont dans l'enfance de la vie sociale.

Les Français, au contraire, ont le caractère gai, ils sont comme le soleil de leur climat, ils se répandent au dehors, sont faciles dans leurs rapports avec les étrangers même les plus sauvages. L'Algérie nous en fournit de grands exemples; l'enjouement, la bienveillance et la générosité sont les traits distinctifs de leur caractère; le besoin de manifester leur pensée, leur fait rechercher la société : c'est une impérieuse nécessité pour eux de s'assimiler tout ce qui les entoure, et surtout de protéger les faibles *sans arrière pensée d'intérêt ou de politique ;* de plus, ils sont bons et généreux avec les femmes indigènes, et n'importe le sexe et la condition des peuples chez lesquels ils se trouvent. Ces dispositions d'esprit leur ont été quelquefois funestes, mais dans tous les temps lui ont toujours mérité la sympathie des cœurs.

C'est par le cœur surtout que les Français sont grands et expensifs. Le culte catholique répond parfaitement à ce besoin, et lui assure, sur sa rivale, un grand avantage dans l'œuvre de la colonisation. En effet, les cérémonies et les pompes de notre religion frappent et émeuvent bien autrement l'esprit et les sens que la vue d'une bible, voir même sa lecture, et toutes les démonstrations philosophiques, pour ces déshérités de la civilisation des sciences et des arts; en un mot, que peuvent faire les subtilités de l'esprit sur des sauvages qui ne vivent que pour les sens.

Le Français supporte patiemment les difficultés et les privations que lui imposent les positions dans lesquelles il se trouve. Le siége de Sébastopol a prouvé que les Anglais sont faciles au découragement, et, dans cette circonstance, les privations les ont frappés d'une prostration telle, qu'elle a été funeste au plus grand nombre.

Comme colonisateurs, ils sont privés des qualités qui assurent les sympathies des indigènes dans leurs colonies, ce qui rend impossible leur assimilation. « En général, l'orgueil britanique humilie ceux même qu'il protége. » (Châteaubriand, *Voyages*.)

Tandis que les Français possèdent au plus haut degré le précieux avantage de sympathiser et de protéger fraternellement les peuples qu'ils prennent sous leur protection.

Ce qui a fait le succès des colonies de l'Angleterre, c'est le besoin qu'en avait cette nation pour exister, elle n'a épargné ni trésors pour arriver à son but, ni patience dans ces pénibles entreprises; sa longue persévérance et son or l'ont fait triompher de tous les obstacles. Encore qu'elle n'est fondée la colonie du Canada, ni celle qu'elle prit par des traités aux autres nations, l'Inde est l'entrepôt de son commerce, le peuple est Indien et non Anglais; quant à l'Australie, le peuple y est de toutes les nations; mais les colonies d'Amérique et des Indes ont été fondées par les Français; l'Angleterre et les Américains n'ont fait que continuer l'œuvre, toute la gloire en revient à notre patrie qui n'a pas dégénéré depuis que l'Etat ne marchait plus à la tête de ces glorieuses entreprises.

Les Français l'emporteraient sur leurs voisins, si l'Etat embrassait la cause de la colonisation avec la même énergie et la même persévérance que le gouvernement britanique. Pour justifier l'opinion reçue sur notre peu d'aptitude à coloniser, il faudrait nier notre patriotisme et l'aptitude que le peuple français déploie dans les travaux agricoles et industriels, et le supposer moins intelligent que les Portugais et les Espagnols, et moins laborieux que les Hollandais, Anglais et Irlandais; cela ne serait pas vrai, l'opinion d'un colon de l'Australie vient confirmer mon assertion.

« Tout en admirant l'énergie de la race anglaise, « en fait de commerce, on a à lui reprocher sa len- « teur et son insouciance en ce qui concerne la « culture du sol. C'est là que, peut-être, les Fran- « çais l'emporteraient sur leurs hardis voisins.

« Le premier résultat de cette négligence est « l'état triste et désolant de la campagne, même « dans les endroits voisins de Sydney ou de Mel- « bourne, où la culture aurait été très-productive. « L'œil souffre de voir des plaines immenses qui « attendent en vain la charue, ou des cottages mi- « sérables, qui, pour être des villas superbes, n'au- « raient éxigé que l'œuvre de quelques jours. Au « lieu de treilles, de vignes, de vergers ou de lé- « gumes, le sol est envahi par le chien-dent, que des « chèvres et des cochons rongent au hasard : *la « nonchalance irlandaise se montre à nu* dans ces « déserts volontaires; c'est d'autant plus triste que « le sol est fertile (1). »

Du jour où la France l'a voulu elle a réalisée des merveilles, à quelque chose qu'elle ait appliqué sa

(1) Argo, Sydney, 3 décembre 1854, *Presse* du 5 avril 1855.

volonté. Elle a donc en elle toute la somme d'intelligence et de force nécessaires pour atteindre à tel but qu'il lui plaît de marquer à sa puissance d'expansion. Espérons que l'avenir nous fournira l'occasion d'être considérés comme les premiers colonisateurs du monde.

CHAPITRE VIII.

« Une nation commerçante a un nombre prodigieux de petits intérêts particuliers, elle peut donc choquer et être choquée d'une infinité de manières, *celle-ci deviendrait jalouse*, et s'affligerait plus de la prospérité des autres qu'elle ne jouirait de la sienne.

Esprit des lois, liv. XIX, ch. XXVII.

Serait-ce enfin la crainte de l'Angleterre qui pourrait nous forcer à abandonner l'honneur de notre pavillon et la vie de nos compatriotes, et cela de peur de froisser la susceptibilité britanique et de lui porter ombrage en occupant Madagascar? La France peut hardiment et consciencieusement user de son droit et profiter des avantages qui en résultent, sans s'inquiéter le moins du monde de ce que penseront nos voisins, qui ne sont plus, aujourd'hui, que nos alliés; cette alliance ôte jusqu'au moindre prétexte d'opposition. Si elle est notre alliée sincère, l'Angleterre ne fera aucune observation sur l'occupation de la grande île africaine; si elle voulait y apporter des obstacles, elle se déclarerait, par cela seul, notre antagoniste, et Votre Majesté ne craint aucune puissance, la justice de ses droits en ferait une affaire nationale.

Dire qu'elle verrait avec indifférence cette occupation, cela ne se peut, attendu qu'elle comprend l'heureuse influence qu'elle donnerait à notre commerce et à notre politique. Malgré l'opposition qu'elle fit à la France pour la conquête d'Alger, la colonisation ne s'en fit pas moins, et les motifs qui l'ont amenée, sont bien moindres que ceux qui nécessitent l'occupation de Madagascar.

Comment l'Angleterre pourra-t-elle apporter des obstacles à l'accomplissement d'un acte de justice, de bons droits, et surtout d'humanité, quand il ne s'agit que d'occuper un pays qui nous appartient, pour le civiliser et faire entrer des sauvages dans la grande famille chrétienne, elle qui dépense des sommes immenees pour étendre le culte évangélique? Cette opposition prouverait à l'univers entier que tout est calcul dans sa conduite; en un mot, nous serions exploités par cette alliance tant vantée cotée au taux d'un résultat à son profit, en se servant de nous pour écraser la Russie qui menace son empire maritime.

« Supposez que la Russie succombe et prenez la « mappe-monde, qu'y voyez vous? A côté de la « Russie, diminuée et humiliée, vous trouverez « l'Angleterre, partout en sûreté pour elle, partout « menaçante pour les autres; d'Heligolond à Calcuta, du Gange à la baie d'Hudson, à Gibraltar, à « Malte, à Corfou, au Cap de Bonne Espérance, à « Maurice, à Sainte-Hélène, à Ceylan, à la Jamaïque, « à Halifax, à Adène, placée dans des positions formidables ou inaccessibles, enserrant le monde et « occupant partout les passages qui conduisent d'une

« partie du globe à l'autre. Il me semble qu'il y a là « une force autrement gigantesque que celle de la « Russie dans la mer Noire, et l'on cherche en vain « dans l'histoire rien qui puisse lui être comparé.

« Et si l'Europe a besoin d'être rassurée contre la « Russie, n'a-t-elle donc aucune garantie à exiger de « l'Angleterre? » Puisque la Providence a donné à la France le pouvoir de lui disputer l'empire maritime, dans l'intérêt de tous, « l'occupation de Ma« dagascar doit être le contre poids de cette puis« sance.

« Au nom de qui sa politique pourrait-elle in« tervenir? En effet, l'Angleterre, si scrupuleuse en « fait d'intervention, n'intervient-elle pas partout; « tantôt en faveur du despotisme, tantôt en faveur « de la liberté, selon son lucre? Elle était avec la « Russie contre la France, de cette alliance sont sor« tis les traités de 1815, aujourd'hui, elle est avec la « France contre le Russie!

« Si l'Angleterre se croit en droit d'intervenir « quand ses intérêts essentiels sont lésés, la France « ne peut-elle aussi avoir des intérêts essentiels « compromis. » (CHATEAUBRIANT.)

Il lui siérait mal de vouloir serrer la chaîne, lorsque nos victoires de Crimée sont le prix du sang français répandu autant pour ses intérêts essentiels que pour la cause de la civilisation. Ce sang ne nous affranchit-il pas de l'odieuse tutelle de la mauvaise fortune de Waterloo : tutelle outrageante sous laquelle nous avions été rigoureusement maintenus par le traité de 1815.

Le gouvernement de Saint-James sait parfaitement que les droits de la France sur Madagascar sont d'une nature bien autrement respectable, que les siens sur ses colonies; et que l'on ne vienne pas encore arguer du danger que courrait cette colonie à cause de son « extrême éloignement, qui n'est « point un inconvénient pour sa sûreté ; si la métro- « pole est éloignée pour la défendre, les nations « rivales de la métropole ne sont pas moins éloignées « pour la conquérir, » dit Montesquieu (1), du reste, il n'y a aucune inquiétude à avoir à cet égard ; l'Angleterre ne peut pas être mal avec nous, elle connaît notre force ; un canal nous sépare.

Le bon accord entre les deux nations importe à la paix du monde et au développement de la civilisation ; toutefois, le gouvernement de Votre Majesté ne doit point, dans la crainte de déplaire à son alliée, négliger ses intérêts et renouveler les sacrifices faits à l'entente cordiale par le gouvernement de Louis-Philippe, qui l'ont rendu si impopulaire et ont préparé sa chute : je ne doute pas un instant que les ministres de Votre Majesté soutiendront, avec autant de dignité que de franchise et de fermeté, la justice de nos droits et l'honneur national.

Les dépenses que nécessiteraient l'expédition et l'occupation de Madagascar devraient-elles arrêter d'avantage le Gouvernement de Votre Majesté ? Les sacrifices que la France vient de faire pour la Turquie et la cause de la civilisation me sont un sûr garant qu'elle ne reculera devant aucun sacrifice pour soutenir ses justes droits et servir la cause de l'humanité, en occupant la France orientale. La civilisation de l'île Malgache et l'expédition pour arriver à ce résultat ne trouvent que sympathie dans tous les cœurs généreux.

M. Ducos, avec lequel j'ai eu l'honneur de m'entretenir de cette grande œuvre, m'a exprimé combien il serait heureux de relever le pavillon français là où Louis XIV l'avait planté, et venger la

(2) *Esprit des lois*, liv. XXI, ch. XVI

dignité de la France outragée, en civilisant ces Ovas sauvages, les bourreaux des enfants de la France.

M. Drouyn de Luys, ce digne ministre d'une grande et noble nation, est aussi favorable à la solution de cette grande œuvre que son honorable collègue feu M. Ducos. Après avoir reçu l'assentiment de Messieurs les Ministres de la marine et des affaires étrangères, il importe de savoir que M. Fleury, directeur du commerce extérieur, si jaloux de la prospérité de notre commerce maritime, dont le zèle et les lumières ne peuvent être mis en doute ; comprend (et cela avec connaissance de cause) toute l'importance d'un résultat si heureux pour le commerce au long cours, que nous donnerait l'occupation et la colonisation de Madagascar, et cela en échange de quelques millions.

Je me plais à citer les noms de ces hommes honorables tels que : M. le comte de Baumont (de la Somme), sénateur, M. Barbaroux, conseiller d'Etat, d'un dévouement sans bornes pour les colonies des Indes françaises et défenseur de la colonisation de Madagascar, qui est l'objet du zèle spécial de la Société Orientale et en particulier de M. son président, le duc de Larochefoucault Doudeauville. Ces hommes éminents, par leurs fonctions, leurs lumières et leur patriotisme, sont dignes d'être cités; leur opinion donne une grande puissance à cette philantropique et glorieuse entreprise; et les emprunts successifs que vient de couvrir la nation sont un gage assuré que le gouvernement de Votre Majesté peut compter sur le généreux concours de la nation tout entière; la question d'argent ne doit point l'arrêter.

Cette considération n'a point retenu les autres

nations lorsqu'il s'est agit de coloniser leurs possessions. Leurs constants efforts ont toujours été couronnés par le succès ; la gloire et la richesse ont dignement recompensé les nouveaux peuples qui marchaient à la conquête d'une autre toison d'or.

CHAPITRE IX.

Il n'est point de plus brillante renommée que la renommée des armes, et qui vaille moins sa gloire.

CHATEAUBRIAND, *Congrès de Veronne*, p. 116.

La France n'abandonne aucun de ses droits sur Madagascar, et ne regrette pas les sacrifices que lui imposent des intérêts aussi graves.

(Ordre du jour du 25 février 1846, Chambre des députés).

La France ne regrettera jamais ce qui sera dépensé pour assurer sa prospérité commerciale, la reconnaissance de ses droits, le maintien de sa dignité.

Pour soutenir la grande lutte de la République et de l'Empire, les Français ont sacrifié leur fortune et semé leurs os sur toutes les routes du monde et les champs de batailles, et cela pour ne conserver de leur conquête que la gloire d'avoir répandu leur sang.

Quand il s'agit de la prospérité de leur pays, le développement pacifique de son influence et de défendre tout à la fois ses droits et son honneur, assurément ils ne seraient pas moins généreux et courageux que leurs pères.

Eh pourtant! des résultats bien autrement glorieux peuvent être obtenus sans qu'il soit nécessaire de les acheter aux prix de tels sacrifices.

Vous le voyez, sire, aucune objection véritablement sérieuse ne saurait prévaloir contre l'entreprise éminemment nationale de la colonisation.

Il semble que la Providence n'ait donné à la France le calme intérieur dont elle jouit, sous la direction d'un prince, dont la constante application aux affaires de l Etat, fait l'admiration du pays et la crainte de l'étranger, que pour lui permettre d'assurer enfin le triomphe de ses intérêts les plus chers.

Une faible partie de nos flottes et de nos armées seraient plus que suffisante pour l'occupation et la conquête des pays Ovas.

La France a toujours employée une partie de sa population aux exercices militaires, et entretenue à grands frais une armée de terre et de mer pour repousser l'agression étrangère, ou pour conquérir sur ses voisins les limites nécessaires à sa politique.

Les conquêtes ne sont plus possible en Europe, à notre époque les peuples sentent le besoin de la paix, la liberté et le bien-être en sont le prix, la force brutal se débat dans son agonie, la guerre d'Orient coupera la dernière tête de cette hydre qui dévore l'élite des nations et ne laisse partout où il a passé que misère affreuse et désolation.

Employons à un noble usage les forces de nos armées, qu'elles servent désormais à protéger notre commerce et à assurer la sécurité intérieure de la Métropole et de ses colonies.

Notre marine militaire, cet élément de force et de grandeur, n'est point inférieur à celle des autres nations, mais elle n'a jamais reçu en France sa véritable destination, les lois qui régissent les mers et la marine sentent encore la législation féodale et sont loin des principes démocratiques qui régissent nos sociétés modernes.

Ces beaux vaisseaux, qui avant la guerre restaient inactifs dans nos ports sont tous occupés à l'œuvre des conquêtes, Dieu nous a donné la paix, qu'ils soient désormais employés à de nouvelles et pacifiques victoires en devenant l'avant-garde de notre civilisation, en allant « chercher des continents nou» veaux, pour les léguer à la France. » (Châteaubriand, *Outre-Tombe*, tome 3, page 64).

Puisque la France est contrainte de prendre les armes pour sa juste défense, qu'elle fasse usage des forces militaires suffisantes, pour terminer promptement cette occupation, que l'expérience des résultats des expéditions malheureuses tentées avec des forces insuffisantes l engage à employer cette fois, des moyens proportionnés à l'œuvre que le gouvernement de Votre Majesté doit fonder sur le sol de la grande île africaine.

Il ne m'appartient pas de déterminer le chiffre des troupes qu'il conviendrait d'envoyer à Madagascar, je crois, cependant, pouvoir présenter le chiffre de 7,000 hommes, comme devant être, il me semble, suffisant pour faire l'expédition contre les Ovas, fonder une capitale et des postes sur le littoral. Ces troupes devraient être composées et réparties comme l'indique le tableau annexé au plan de l'expédition.

Bien que ce chiffre de 7,000 hommes paraisse minime, il est assez imposant dans un pays où nous n'avons point d'autres ennemis que les Ovas, et surtout, lorsque nous pouvons compter sur le concours des indigènes.

Pour peu qu'on y réfléchisse, les difficultés d'une telle entreprise se réduisent à peu de choses. Les Ovas en persécutant les autres tribus de l'île se sont créé de nombreux ennemis; ils ne seraient défendus par personne, car toutes les tribus qui habitent le sol Malgache ont du sang à venger; l'occasion serait trop favorable pour qu'elles n'en profitassent pas, ils seraient attaqués de toutes parts. La domination française sera pour elle l'ère de la liberté, en échange de la tyrannie Ova. Cette tyrannie a préparé les voies à l'occupation de Madagascar, en rendant précaire l'autorité des chefs des tribus, et en forçant celle-ci à émigrer, en les mettant dans la nécessité de subir le joug Ova ou la domination française qu'ils préfèrent à celle de leurs cruels persécuteurs.

CHAPITRE X.

> Nous avons vu l'Angleterre s'émouvoir et se passionner aux accusations de ses orateurs Burke et Sheridan contre les sévices de Hastings dans les Indes.
>
> *Les peuples engraissés des rapines du monde, veulent avoir le droit de répudier et de flétrir leurs instruments.*
>
> LAMARTINE, *Histoire de César*, § XXI.

Le moment est des plus favorable pour une expédition sur Madagascar, l'alliance anglaise, simplifie la question. La guerre d'Orient, la chute du prestige anglais, nos victoires, le besoin que l'Angleterre a de nous, sont autant de circonstances qui augmentent l'espoir d'un heureux succès.

La paix ne laisse plus aucun prétexte au gouvernement de Votre Majesté, dont les forces de terre et de mer vont se trouver disponibles et les vaisseaux tout armés peuvent partir sans délai occuper Madagascar et transporter les troupes et le matériel. S'il laissait échapper cette circonstance, notre éternelle rivale saurait profiter de cette faute, et notre patrie serait, peut-être, à tout jamais privée de la grande colonie, dont l'occupation aurait une si heureuse influence sur le développement de notre marine et de notre commerce, tant intérieur qu'extérieur.

Des tentatives récentes faites par les Anglais à Madagascar, prouvent en effet, que cette nation n'a point abandonnée la pensée de s'emparer de l'île malgache, ou tout au moins d'y établir son influence dans l'intérêt de son commerce.

Lors de l'émancipation de 1848, qui souleva le pays contre nous, et peu avant les attaques des populations contre Nossi-Bé, un Anglais, agent du gouverneur de Maurice, débarqua à Nossi-Bé, pour aller, disait-il, civiliser les Sakalaves de l'Ambongou, et leur apprendre l'usage des armes, afin de battre les Ovas, leurs ennemis ; les Sakalaves, chez qui il avait mission d'aller étaient nos ennemis et les mêmes qui nous vinrent assiéger à Nossi-Bé. Cet agent s'appelait O'connor, sergent en garnison à l'île Maurice, grade qu'avait James Hasti, fameux agent britanique, accréditéauprès de Ra-Dama et qui fut si funeste à nos établissements. Mais le but d'Oconnor, n'était que de travailler, ainsi que l'avait fait James Hasti, à gagner les chefs des Sakalaves aux intérêts anglais, et de profiter de leur mécontentement pour les déterminer à se placer sous le protectorat anglais. Plusieurs commandants de leur marine avaient faits peu de temps auparavant les mêmes offres de services, et le pavillon britanique avait été donné à un des rois Sakalaves. Ce sont les chefs eux-mêmes qui m'ont fait cette confidence et comme j'avais de très-bons rapports avec ces princes, j'employai un de nos amis communs de prévenir le roi Tafikandrou et son neveu de veiller, de se tenir sur leurs gardes contre les suggestions d'Oconnor, il fut surveillé et sa conduite ainsi que sa présence fut jugée être un danger pour eux. Peu de jours avant l'attaque d'Hellville par les Sakalaves, nous apprîmes qu'il avait été tué, enfin, nous vîmes une frégate de guerre anglaise, mouiller dans la rade d'Hellville, qui allait venger sa mort, ce qui n'eût pas lieu.

En 1848, il s'organisa à l'île de la Réunion sous le patronage du docteur Bernier, une société d'émigration pour la côte Est, Vouëmarou était le lieu destiné. les sociétaires étaient environ 5,000 hommes et apportaient chacun 100 fr. d'argent, des instruments aratoires, des ustensils de ménage et des armes, il se trouvait parmi les sociétaires un grand nombre de Mauriciens. Le gouverneur voyant que de ses administrés voulaient émigrer à Madagascar plutôt qu'à Port-Natal, fit adresser aux chefs Sakalaves de l'ouest par le commandant du *Geser*, les propositions de protectorat dont j'ai parlé plus haut. Cette offre ne fut pas acceptée, il dut renoncer à coloniser l'Ouest, lorsque les Français se disposaient à coloniser l'Est de Madagascar.

Alors il envoya l'amiral Dacre à Tamatave pour traiter de la paix avec le Gouvernement Ova, afin qu'il ouvrit ses ports au commerce anglais. Il échoua dans ses négociations de 1848 et 49, puis en 51, il obtint, dit-on, un traité pour des travailleurs, ce qui me paraît impossible. Toutefois, il obtint l'ouverture du port de Tamatave, moyennant trente mille piastres, qu'il payât comme étant la moitié de l'indemnité que Ranavalo réclamait pour l'attaque anglo-française de Tamatave, par M. Romain Desfossé, de 1845.

M. Doret, gouverneur de Bourbon, sut garder en cette circonstance la dignité nationale, il ne voulut faire aucun arrangement à de telles conditions et il fit bien voir qu'il représentait la France et ses droits à la souveraineté de Madagascar, il sut s'élever au-dessus des tripotages du commerce des Mauriciens anglais.

Que l'on réfléchisse, quels graves dangers peuvent résulter pour la France du maintien d'un état de choses qui livre Madagascar à la merci d'une nation qui ne cesse de convoiter la possession de cette belle île, « la grande Bretagne de l'Afrique, » comme elle l'a surnommée!

C'est à la même époque qu'eût lieu une tentative des Anglais, qui témoigne également le désir de s'immiscer jusque dans les affaires des princes Malgaches, afin de se ménager le moyen de rentrer dans l'île.

Les Anglais voyant qu'ils échouaient dans leurs tentatives de négociations et que Ranavalo ne voulait avoir aucune relation avec eux, jetèrent leur vue sur la fille de Ramaneta, dont le père, cousin de Ra-Dama, s'était enfui aux Comores pour échapper au massacre de la famille du chef Ova, que poursuivait Ranavalo; il fut roi de Moëli, y mourut et sa fille lui succéda, placée sous le protectorat de la France. Le commandant de Mayotte lui avait donné une Ova qui avait épousé un Français, laquelle faisait l'éducation de cette jeune princesse. Marier cette cousine de Ra-Dama avec un chef Ova semblait aux ministres méthodistes anglicans le plus sûr moyen de relever leur ancienne influence chez les Ovas, et pouvoir renverser le Gouvernement de Ranavalo.

En conséquence de ce projet, un prince Ova élevé par eux, et qui depuis son séjour à Maurice, où il s'était réfugié, recevait une pension de la Grande-Bretagne, fut choisi par eux.

Ramandraz partit à Moëli; je le vis à Nossi-Bé et j'eus avec lui de longues conversations, il me donna une pauvre opinion de lui et de ses compatriotes, en un mot, c'était une machine employée par le gouvernement qui lui avait donné l'hospitalité.

J'écrivis à madame Douet, l'institutrice de la jeune princesse, enfin les hommages du méthodiste Ova furent repoussés et le mariage n'eut pas lieu.

De nouveaux événements peuvent accroître les difficultés et faire naître des obstacles à l'occupation de Madagascar par la France. Racout, fils de Ranavalo (dont j'ai parlé), en la personne duquel se rattache les principales espérances de l'Angleterre, au sujet de la domination Malgache, a été éduqué par les missionnaires Anglais. La présence de sa mère seule le retient encore, et probablement au premier moment opportun, il rappellera auprès de lui ses anciens instituteurs et les exilés Ovas, qui sont à Maurice, qui tous sont stipendiés par l'Angleterre et sont devenus les créatures dévouées de sa politique. En effet, l'ouverture du port de Tamatave aux Anglais à la fin de 1853 prouve, que leur influence a mis de nouveau le pied sur le sol Malgache, il est de la dernière importance pour la France, si elle tient à conserver intact ses droits sur la grande île africaine, de prévenir par sa présence le danger de concessions et d'appels que leur pourrait faire le prince Racout.

L'ouverture du port de Tamatave a éveillé l'attention du gouverneur de Maurice sur Madagascar d'où il espère tirer, à défaut d'autres choses, des cultivateurs vigoureux, disposés à s'établir à demeure sur les plantations de Maurice. Dans une dépêche spéciale sur cette question, lord Grey, engage le gouverneur a y donner son attention.

Le journal de Maurice propose les mesures pour recruter des travailleurs Malgaches. Cet article a une trop grande importance pour ne pas le citer tout au long, puisse-t-il éclairer mon pays sur la nécessité de veiller à ses intérêts.

« On sait (dit ce journal) que l'île de Madagascar « se divisait en 25 tributs, indépendantes en 1813, « aujourd'hui assujetties et opprimées par l'une « d'elle, la tribu des Ovas, qui des plateaux de l'in- « térieur, a fait irruption sur toutes les parties du « littoral. Mais le joug des Ovas n'est accepté nulle « part, ni par les tribus de *l'Est les plus anciennes* « *et les plus fidèles alliées de la France*, ni par « celles du Nord, qui ont déserté leur pays pour se « réfugier dans les bois ou sur les rochers qui cei- « gnent la baie de Passandava, près Nossi-Bé, ni par « les peuples de l'Ouest, toujours prêts pour la plu- « part à prendre les armes. Or, ce sont précisément « ces dernières tribus qu'il convient mieux de cher- « cher à introduire parmi nous.

« Tous ceux qui ont visité la côte Ouest de Mada- « gascar, s'accordent à les représenter comme plus « intelligents et moins indolents peut-être que les « autres peuplades. Des personnes qui ont exploré « fréquemment ces parages et que leur expérience « des lieux et des populations qui les habitent, ren- « dent plus compétentes que nous en pareille ma- « tière, ne doute pas de la facilité que l'on aurait à se « procurer un très-grand nombre de travailleurs « dans l'Ambongou et les bords de la baie de Pas- « sandava (en vue de Nossi-Bé).

« Rien n'empêcherait, d'ailleurs, d'utiliser égale- « ment les renseignements fournis par *Oussoof*, « *l'envoyé de Raboukir*, en ce moment à Maurice, « sur les peuplades de la baie de Boïna et sur les dis- « positions amicales à notre égard, du chef de cette « tribu. *Le traité du commandant* Brown, *du* « *Geser*, est là, dans tous les cas pour garantir,

« dans une certaine mesure, un ample approvision-
« nement de travailleurs plus ou moins considéra-
« ble sur ce point ; mais ce n'est point seulement
« sur la baie de Boïna et à l'aide d'une expédition
« isolée, que l'on doit tenter d'établir l'émigration
« entre Madagascar et notre île. L'envoi d'un stéa-
« mer en exploration sur la côte Malgache ne sau-
« rait remplir le but que l'on désir atteindre. Il
« lui faudrait plusieurs mois, et de grandes dé-
« penses conséquemment, pour visiter les différents
« points de la côte Ouest, *et passer une sorte de*
« *traité* avec les chefs de chacune des tribus.

« Un moyen plus simple, plus économique, et
« d'une plus prompte réalisation, est l'envoi de plu-
« sieurs *bâtiments coloniaux à Madagascar*, agis-
« sant simultanément sur plusieurs points différents
« du littoral occidental de la grande île.

« Le gouvernement vient de voter, ces jours-ci,
« une somme de 70,000 livres sterlings pour une
« augmentation de 5,000 travailleurs émigrants,
« qu'on déduise de cette somme 3,000 livres ster-
« lings, et que l'on prenne, au besoin, sur les re-
« venus généraux de la colonie et qu'on l'affecte à
« l'émigration Malgache. Pour garantir, la loi con-
« stitutionelle qui veut que les émigrants ne se re-
« crutent que parmi les hommes libres, il n'est be-
« soin que d'une autorité régulière, *il est facile d'é-*
« *tablir, dans l'Ambongou, la baie de Boïna, et*
« *chez le roi Raboukir, des mandataires de l'auto-*
« *rité anglaise de Maurice, incarnation vivante de*
« *la loi; ces inspecteurs représenteraient partout*
« *l'Angleterre, ils passeraient au besoin des traités*
« *avec les chefs des tribus.* (*Revue Coloniale,* »
t. VII, 2me série, page 90.

CHAPITRE XI.

> Nos politiques, en tenant nos colonies dans un état précaire de pénurie et d'inquiétude, en leur donnant perpétuellement de nouveaux chefs militaires et civils, des magistrats qui leur sont étrangers, qui les tiennent sous un joug dur, des hommes enfin avides de fortune, ont méconnu le caractère de l'homme, qui ne s'attache au lieu qu'il habite que par le bonheur.
>
> *(Esprit des lois).*

Un très-grand nombre d'habitants de la Réunion et de Maurice, attendent que le gouvernement français se soit posé sur un coin de la grande terre pour y émigrer de suite; attendu que les deux îles que nous occupons aux environs de Madagascar, n'offrent aucun avantage réel à l'émigration, surtout l'île Sainte-Marie. Le sol y est de mauvaise nature pour les plantations alimentaires, l'humidité du climat en rend le séjour malsain; il y pleut presque continuellement, puis, il y a de grands marais, bien qu'on ait commencé des travaux d'assainissements qui seraient infiniment plus utiles s'ils étaient faits sur la grande terre, au port de Tintingue, qui est en face de Sainte-Marie.

Le port Hide de Neuville (Tintingue) est vaste, les

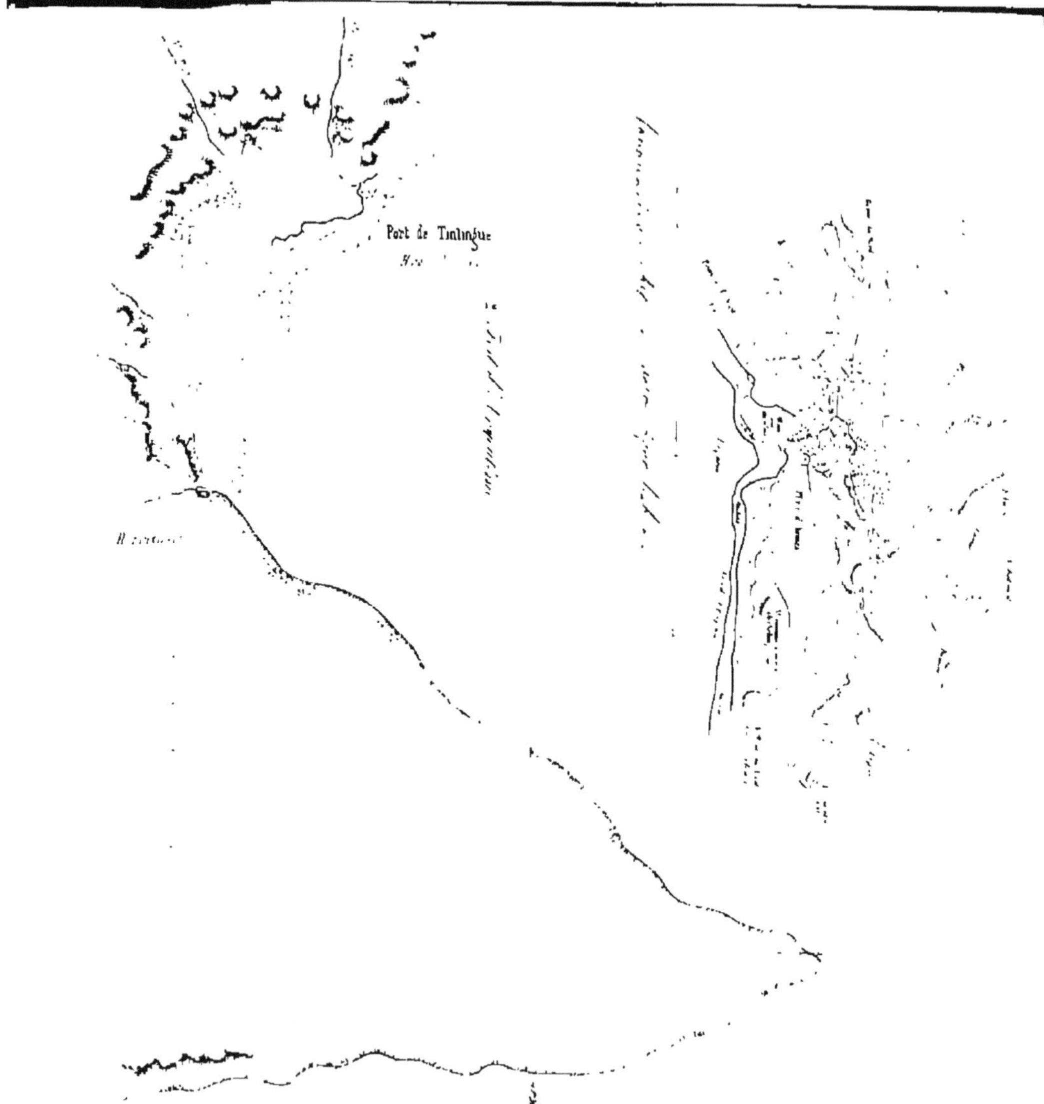
Port de Tinlingue

passes en sont faciles, les vaisseaux y seraient parfaitement en sûreté, le commerce pourrait s'y faire sur une grande échelle, en raison de la fertilité du sol, et la navigation des rivières faciliterait aux habitants de l'intérieur, le transport de leurs produits. Deux de ces rivières peuvent être remontées en bateau à plusieurs lieues dans les terres, elles ont leur embouchure dans le port; il se ferait, sur ce point, un commerce d'échange très-actif, tandis qu'à Sainte-Marie, il y est nul; l'agriculture alimentaire y est presque impraticable, et les navires ne peuvent s'y réparer commodément, attendu qu'il y pleut si souvent que les ouvriers et les matières premières y manquent totalement.

Sainte-Marie ne peut être considérée comme colonie, *elle ne peut exister que* protégée par le port de Tintingue. La Restauration l'avait compris dans ce sens, lorsqu'elle le fit occuper et fortifier; aujourd'hui, il serait bien plus facile de le réoccuper et de le fortifier, il n'y aurait qu'à transporter le matériel de guerre de Sainte-Marie, et ce port serait provisoirement dans un état de défense à pouvoir arrêter une armée ova. Le port Hide de Neuville est le seul de la côte Est, car Tamatave n'est pour ainsi dire qu'une rade; et depuis la baie d'Antongile, jusqu'au Fort-Dauphin, la côte n'a aucun abri sûr; de sorte que Tintingue est d'une grande importance pour la marine de l'Etat et la marine marchande.

Nossi-Bé est dans toutes autres conditions que l'île Sainte-Marie, de tous nos postes c'est le point le plus salubre; le sol de cette île est fertile et d'une culture aisée, elle est arrosée en tous sens par de nombreux cours d'eau qui portent partout l'abondance d'une riche végétation sur des terres veuves de bras laborieux. Cette île peut, à juste titre, être appelée la perle de l'Océan indien.

Ses montagnes sont plutôt des collines élevées en pente douce, et partout cultivables, jusque sur leurs sommets. Nossi-Bé est complétement déboisé, à tel point que les indigènes sont obligés d'aller sur la Grande-Terre y chercher le combustible, et c'est sur ces défrichés qu'ils font leurs plantations de riz et de vivres, en un mot, c'est sur la grande île qu'ils vont faire leurs provisions en tout genre, ils y résident plus qu'à Nossi-Bé, ce qui les exposent à de très-grands dangers : il est facile aux maraudeurs ovas de les tuer quand ils ne peuvent les emmener captifs dans leur tribu. En partant, ils ruinent et incendient les récoltes ; telle est la protection que leur donne la France, pourtant, c'est à la condition d'être efficacement défendue par elle, que les Salakaves ont fait cette cession. Nossi-Bé a été acceptée et les indigènes livrés sans défense à leurs ennemis qui sont aussi les nôtres. Ce défaut de protection est une injustice, une inhumanité, car les traités faits avec des sauvages sont aussi sacrés que s'ils eussent été faits avec les rois les plus puissants du monde. Est-ce avec 60 hommes de garnison que la France entend remplir ses engagements et représenter efficacement sa puissance? cet état de choses appelle sérieusement l'attention du gouvernement de Votre Majesté qui peut y porter un prompt remède en donnant l'ordre de fonder un *établissement sérieux dans la baie de Bavatou-Bé*, qui est à l'entrée de la grande baie de Passandava, formée par la grande terre et l'île Nossi-Bé, distante de celle-ci de vingt kilomètres.

L'île Nossi-Bé est accessible partout, et partout le mouillage est de bonne tenue, ses côtes offrent de nombreux ports, de sorte qu'un établissement militaire y serait fort coûteux et difficile à garder, s'il était attaqué par des Européens, il est donc plus sage et plus rationnel de fonder cet établissement sur la grande île, pour répondre aux sacrifices, protéger la colonie entière et défendre au besoin la puissance nationale. De tous les ports qui sont sur les côtes de Madagascar, c'est le seul qui soit inhabité, et dans les plus heureuses dispositions pour remplir les vues qu'on doit se proposer dans l'établissement dont je viens de parler, il est sur les terres que nous ont cédé les Sakalaves, habitants de Nossi-Bé ; de sorte que rien ne s'oppose à l'occupation du port de Bavatou-Bé, un des plus beaux du monde.

L'entrée est large, et d'un accès facile par les vents Est et Ouest, qui sont réguliers; l'intérieur du port est un bassin magnifique semé d'îles et de presqu'îles, offrant dans sa configuration différents ports dans lesquels vont se jeter plusieurs petits cours d'eau ; une ceinture de montagnes boisées l'abrite des vents et permetterait d'y établir des batteries formidables dont les feux défendraient l'entrée, balayeraient la terre et la mer, les passes seraient infranchissables, et les îles qui sont dans le port concourreraient au système de sa défense; la France, en fortifiant le port de Bavatou-Bé aurait un autre Sébastopol.

Comme point stratégique cette place nous est indispensable, attendu qu'elle commande la baie de Passandava, l'île Nossi-Bé, la côte nord-ouest de Madagascar ainsi que le cap d'Ambre et le canal Mozambique ; sa position géographique est d'autant plus salubre qu'elle est située sur une pointe qui s'avance dans la mer, et les plages environnantes sont sabloneuses et ont donné leur nom à la baie, à l'entrée de laquelle elle se trouve.

Nossi-Bé ne peut exister maintenant et prospérer dans l'avenir sans être rattachée à un port de la grande terre d'où elle tire le riz, ses aliments et le combustible, bois de construction et les produits qui alimentent son commerce d'échange. La vie du Sakalave, c'est la grande terre, il risque sa liberté et celle de sa famille pour y vivre, quoiqu'il y soit exposé à la mort ou à l'esclavage; une fois le danger passé, il l'oublie et ne revient qu'à regret à Nossi-Bé.

Un établissement français à Bavatou-Bé, ferait un grand plaisir à la population Sakalave; elle serait désormais à l'abri des maraudeurs ovas. Ils pouraient sans crainte y cultiver des vivres, étant secourus et protégés par sa garnison qui empêcherait aussi les excursions des Bétanimènes sur Nossi-Bé.

Il faudrait peu de frais pour l'installation d'un poste militaire à Bavatou-Bé, si le matériel de guerre qui est à Nossi-Bé, ainsi que les dépenses qu'on y va faire, étaient employés et faits dans ce port, ils protégeraient plus les indigènes, et notre puissance à Madagascar serait d'une toute autre importance pour la colonisation que de les laisser à Nossi-Bé.

Les populations du Nord, de l'Est et de l'Ouest viendraient en foule se mettre sous la protection française; les terres aux alentours seraient bientôt habitées et cultivées par une foule d'indigènes de ces contrées.

Près de l'entrée de cette baie se trouve le port et la rivière de Bararata, qui est fort profonde; non loin de là sont les îles de la Trinité (ou Nossi-Telou), dont la plus grande offre un excellent port, les navires peuvent s'amarer à quai : l'embouchure du Sambéranou, fleuve navigable, ne s'en trouve pas très-éloigné. La grande et magnifique baie de Passandava, ses ports et ses fleuves seraient sous la garde de Bavatou-Bé, et sillonnés en tous sens par les navires qu'alimenteraient un commerce fructueux et actif, cette grande baie deviendrait un lac dont Bavatou-Bé en serait le port; les navires y trouveraient du fret de retour, car cette place deviendrait un entrepôt commercial de tout le nord de l'île.

L'occupation de ce port par la France attirerait l'émigration sur les plages de la baie de Passandava, elle ferait de cette contrée, déserte aujourd'hui, le pays le plus prospère, tant le sol y est fertile et le climat superbe.

La culture prendrait un nouvel essor et le commerce deviendrait bientôt florissant; Nossi-Bé serait à l'abri des dévastations des maraudeurs ennemis. Tels sont les avantages que procureraient aux indigènes et à la France la fondation d'un poste maritime au port de Bavatou-Bé.

Si Sainte-Marie est insalubre et le sol de mauvaise nature, en retour elle possède de très-belles forêts dont Nossi-Bé est privée ; mais Mayotte n'offre pas le même intérêt ; l'insalubrité de son climat est un fait constant et avéré. Le séjour de cette île a été funeste aux Français, et l'occupation ne peut être utile que comme point stratégique du système de Madagascar.

Mayotte est très-fertile mais excessivement malsaine, non-seulement à cause de ses marais paludéens qui y sont nombreux, mais plus encore à cause de la ceinture de madrépores qui forment un rempart naturel autour de cette île, à marée basse ils sont découverts, et il s'en exhale une odeur méphitique qui vicie l'air deux fois le jour par une chaleur de 30 à 35 degrés Réaumur au moins ; à une telle cause d'insalubrité il est difficile d'y remédier.

Cette île ne compte que 4 à 5,000 habitants, ils sont très-paresseux, ce qui lui a valu son nom de Maholi (paresseux). La chaleur du climat et la fertilité du sol ont puissamment contribué à les plonger dans la fainéantise.

Mayotte est formée de montagnes couvertes de broussailles, de bois blancs tendres, impropres à l'industrie ; le sol est arrosé par de nombreux ruisseaux qui ne forment pas une seule rivière. Les plages sont marécageuses et couvertes de palétuviers et par conséquent insalubres.

Il faut se procurer au dehors, soit aux Comores ou à Madagascar, les bois nécessaires aux constructions civiles et navales. Ce court aperçu peut donner une juste idée du peu d'importance de Mayotte ; le Ministre de la marine a été induit en erreur par les rapports mensongers du commandant Passot et des officiers de la marine, qui, au dire de M. Maistrot, sont les seuls dignes de fixer l'attention du gouvernement, attendu qu'ils sont faits par des officiers appartenant au ministère, comme si la sagesse, la vérité et l'expérience étaient le résultat de leur admission dans l'armée de marine. Le triste résultat des dépenses énormes faites sur un îlot d'un kilomètre de circonférence, dépourvu d'eau potable, exposé à une chaleur excessive, reflétée par le sol, et sa disposition qui est en forme d'entonnoir, prouvent le peu de sens commun qu'on a eu de choisir un tel rocher pour le chef-lieu de la colonie, et cela parce qu'il avait été habité par les chefs de cette île, dont tous les habitants étaient de cruels pirates.

Ce séjour convenait à un chef de brigands en raison de son isolement, mais ne convenait pas pour y fonder le centre colonial, surtout lorsqu'il faut traverser la mer pour aller, à 4 kilomètres de là, chercher de l'eau potable et le bois nécessaire pour l'usage domestique. Les conséquences inévitables de tous ces inconvénients devinrent funestes à la garnison et aux Européens. En 1849, la garnison toute entière fut malade, il fallut que les moins souffrants soignassent leurs camarades. A peine l'évêque (Monseigneur Monet) fût-il débarqué en parfaite santé, que 6 heures après il mourut. Enfin, le commandant Passot s'enfuit à Bourbon avec sa famille atteinte de la fièvre qui dévorait tout le monde.

Ils sont grandement coupables les agents qui trompent l'administration de leur pays, ils sont envoyés par elle pour éclairer sa conscience, c'est donc sur eux que doivent retomber les dépenses faites inutilement, et pour satisfaire leur vanité. Encore, s'il n'y avait que l'argent des contribuables qui soit dépensé en pure perte, mais lorsque, sans nécessité, les Français qui paient leur dette à la patrie sont voués, par ceux qui devraient remplacer leur famille, à payer de leur vie l'inintelligence et les fautes multipliées de leurs chefs militaires : voilà ce qui est arrivé à Mayotte.

Si cette île offrait quelques avantages pour le commerce, on comprendrait l'utilité des dépenses que l'Etat y a fait faire. Il n'y a point de commerce et il ne peut y en avoir, attendu que l'échange, qui en est le premier élément, y est impossible; les habitants ne produisent rien et consomment fort peu de chose.

Les établissements sucriers qu'on y a créés souffrent du manque de travailleurs, il faut les aller chercher dans l'Inde ou ailleurs ; telles sont les conditions dans lesquelles se trouvent ces industries.

Mayotte n'est pas fréquentée par la marine française et étrangère ; cette île ne se trouve pas sur la route de la navigation marchande, elle est délaissée parce qu'il n'y a pas de commerce à y faire, joint à cela la difficulté des passes qui sont parfois dangereuses, et l'impossibilité de ne pouvoir réparer les navires sans payer le triple pour la main d'œuvre et les matériaux de toute nature que l'on est obligé de tirer d'ailleurs, sont autant d'obstacles à ce que Mayotte soit fréquentée par la marine.

On ne comprend pas comment le Ministre de la marine ait fait de l'îlot de Dzaoudzi non-seulement le chef-lieu de l'île Mayotte, mais encore des possessions françaises à Madagascar qui en est éloigné de 80 lieues. Si les millions qui ont été employés dans l'établissement de Mayotte avaient été dépensés sur la grande terre de Madagascar, la France posséderait aujourd'hui, outre un port de refuge d'une tout autre importance que celui de Mayotte, le principe de la colonisation malgache, de sorte que l'argent de nos contribuables eût été employé fructueusement et selon l'intention du pays.

Quelques soldats et une forte batterie suffiraient pour défendre Mayotte au milieu d'une population peu nombreuse et de mœurs si apathiques.

Si l'on considère Sainte-Marie, Nossi-Bé et Mayotte, comme étant les avant-postes de Madagascar, et comme sentinelles des droits de la France sur cette île, ces possessions commandent un certain intérêt; mais on ne devait pas pour cela y sacrifier tant d'argent.

Des ilôts insalubres, tels que Sainte-Marie et Mayotte, ne peuvent servir de ports de refuge, encore moins pour y fonder des colonies, et cela quand les puissances maritimes plantent leurs pavillons sur des terres qui offrent un aliment durable à l'activité de leur commerce et un but à l'action civilisatrice en même temps que ses occupations maritimes, sont la sauve-garde de leur influence nationale.

Les États-Unis s'emparent de la Californie, qui, entre leurs mains compte déjà une nombreuse population ; San Francisco rivalise avec New-York, par ces deux ports l'union américaine va commander les deux Océans ; leur prévoyante ambition s'achemine à la conquête d'autres terres.

La Grande-Bretagne n'a-t-elle pas tout récemment encore pris possession de la Nouvelle Hollande. Son Empire s'aggrandit dans l'Inde et tend à franchir les frontières chinoises ; elle ne combat aujourd'hui la Russie que parce qu'elle est sa rivale en Asie, que son influence et son commerce entrent dans la Chine par la Tartarie, dans l'Inde par la Perse et les autres provinces qui bordent son vaste empire. Les forces maritimes de la Russie menaçaient la prospérité commerciale de l'Angleterre, toutes ses ressources ont été tournées contre elle pour conjurer le danger.

Toutes les nations s'occupent et cherchent à étendre leur commerce maritime ; la France seule, semble rester stationnaire ou parodiant ses grandes entreprises d'autrefois, en plantant son pavillon sur des îlots qui s'appellent les Marquises, Sainte-Marie et Mayotte que l'on surnomme les tombeaux des Européens. Autrefois nos pères colonisaient Saint-Domingue, le Canada, la Louisiane, la Nouvelle-Orléans, et fondaient un vaste empire dans l'Inde qui fut le théâtre de leur génie et de leurs exploits contre les Anglais. Il semblerait qu'en abandonnant ces belles colonies nous ayons perdu la volonté de réparer nos pertes et laissé avec elles l'esprit intelligent et colonisateur qui animaient nos ancêtres.

Je ne crois pas que nous ayons dégénéré en courage, en dévouement et surtout en intelligence : que le gouvernement de Votre Majecté marche à la tête de la colonisation, alors l'entrain sera immense; l'esprit national veut à tort ou à raison que l'Etat prenne l'initiative de toutes ces sortes d'entreprises.

Pour la conquête de Madagascar, elle est indispensable ; mais quand l'Etat pose bas les armes arrive le tour de l'industrie privée et le capital associé au travail qui peuvent seuls conduire à bien une telle entreprise.

Mais dans l'état de choses actuel comment les capitalistes de France et de la Réunion pourraient-ils exposer leur argent sur des îlots qui sont dans les conditions que je viens d'énumérer, lorsqu'ils voient la grande île malgache qui possède tous les avantages désirables sous le rapport commercial? Ils attendent que le gouvernement de Votre Majesté aît accompli le grand acte de réparation national, qui entraîne de toute justice le châtiment des ovas et l'occupation de Madagascar.

Et, lors même que les colons afflueraient dans nos postes actuels, l'autorité locale ne pourrait encourager et protéger efficacement leur industrie et leurs personnes ; elle peut à peine défendre le pavillon qui lui est confié, et les colons eux-mêmes, sont obligés de se défendre et de protéger l'administration.

Administrer quelques soldats envoyés de France, leur assurer les provisions alimentaires et vérifier la comptabilité, sont les seules occupations des représentants de la mère patrie à Madagascar.

MM. les officiers de marine pensent qu'ils y sont pour cela seulement et considèrent ces îles comme des postes uniquement militaires où ils y passent le moins de temps possible, en vivant en dehors de toutes préoccupations politiques et administratives.

Les intérêts des colons français sont comptés pour rien. Les commandants de ces établissements n'ont jamais eu d'autre but que leur avancement, et pour mobile que l'intérêt personnel ; esprits étroits et mesquins, lésinant pour se prévaloir des économies faites au détriment de la vie des soldats et des colons et quelquefois de la dignité de la France, comme le fit M. Passot, lors de la révolte des Sakalaves en 1849, et tout cela pour être cité par la bureaucratie ministérielle, comme ayant droit à de l'avancement, ou bien pour pallier leurs fautes administratives.

C'est ainsi que vont les choses à Madagascar depuis près de deux cents ans, Pronis, au Fort-Dauphin, ouvre la liste des gouverneurs infidèles.

J'aurai le courage de dire toute la vérité et de signaler au gouvernement que les ennemis de la colonisation sont ses agents militaires, qui interprètent dans un sens opposé les instructions du ministère. Les choses marchent comme par le passé, au lieu des vues du gouvernement ils y substituent les leurs, sans souci des intérêts des colons et de la dignité du pays qu'ils représentent Tel est, Sire, la cause du peu de progrès de notre action sur la Grande-Terre d'où nous avons été repoussés des points que nous y possédions ; l'émigration qui craint de ne point trouver sous de tels gouvernements la protection, le concours, la liberté et la sécurité pour elle, et ses industries attendent des jours meilleurs.

CHAPITRE XII.

> • Un gouvernement dur et tyrannique est incompatible avec le commerce.
>
> *Esprit des lois*, liv. XXI, ch. XIV.
>
> Le commerce fuit d'où il est opprimé, se repose où on le laisse respirer; il règne aujourd'hui où l'on ne voyait que des déserts, des mers et des rochers; là où il régnait il n'y a qûe des déserts.
>
> *Esprit des lois*, liv XXI, ch. V.
>
> On regarde les hommes de guerre comme des gens d'un métier qui peut être utile et souvent dangereux, comme des gens dont les services sont laborieux pour la nation, mais les qualités civiles doivent être plus considérées.
>
> *Esprit des lois*, liv. XIX, ch. XXVII.

Le remède à cet état de choses est l'occupation de Madagascar ou tout au moins des points les plus importants que j'ai eu l'honneur de signaler à son Excellence, Monsieur le Ministre de la Marine, lorsque j'ai eu l'honneur de l'entretenir à ce sujet, et dans le cas où le gouvernement de Votre Majesté mettrait à exécution cette occupation, j'ai émis le vœu qu'il ne soit pas envoyé de gouverneur militaire pour accomplir cette grande œuvre coloniale, mais un civile, homme intègre, administrateur habile, d'un courage et d'un dévouement à toutes épreuves, et ne se laissant pas abattre par les grandes difficultés qui sont inséparables de telles entreprises qui donne aux autres l'exemple de l'abnégation, et sache porter un intérêt tout paternel à ses administrés, comme un chef de famille en porte à ses enfants. Tels sont les devoirs de l'autorité et particulièrement au début d'une colonie naissante.

Le fonctionnaire civile n'est point arrêté par les considérations rétrospectives par lesquelles se voit entravé un militaire qui est obligé de ménager ses égaux et ses inférieurs; car, le hazard peut le placer un jour sous leur autorité; en les mécontentant il s'en fait des ennemis qu'il retrouvera en face de lui en rentrant dans les rangs de l'armée.

Un civile n'a point l'esprit de corps qui fait d'un militaire ou d'un magistrat un chef de coteries, un gouvernement doit à tous la justice et la même protection, de plus, avec un civile, on n'a pas à craindre les funestes rivalités qui se sont manifestées sur plus d'un champ de bataille, ainsi que nous l'apprend l'histoire.

Les colons redoutent l'administration militaire, car l'agriculture ne vit que dans la paix et la sécurité qui sont les élément du commerce; ils leur faut liberté et extension; car, l'agriculture et le commerce sont inséparables, vivent de la même vie et ne prospèrent qu'à ces conditions; le gouvernement militaire comprime l'essort d'une colonie naissante, fondée au milieu des paisibles et laborieuses populations malgaches, qui redoutent jusqu'à l'ombre des guerres.

Mais il faut que cet administrateur sache créer et organiser dans un pays neuf, où tout est à faire, ce qui n'est pas le fait d'un militaire. La nature de sa profession ne l'a destiné qu'à diriger des armées et discipliner des hommes sous le joug le plus lourd et dont les moindres infractions sont punies de mort. Entre la loi martiale et le code civile il y a un abîme de liberté.

Le système administratif militaire a pu convenir à la colonisation algérienne. Tant que les indigènes ont été guerroyants, inquiets et prêts à se soulever, la force armée a due suivre la pensée et les vues du commandant en chef, et lorsqu'un gouverneur a succédé à un autre, il a pu sans de grands dangers changer les plans de ses prédécesseurs; les circonstances présentes réglaient sa conduite administrative, cela a été très-opportun. Les dangers ayant disparus, ce systême commence à être un obstacle au développement colonial algérien, qui ne sera florissant que lorsque l'administration civile aura remplacé le gouvernement militaire.

Mais quel parité y a-t-il entre la belliqueuse Afrique et la mollesse malgache. Le gouvernement militaire y est impossible, que ferait un officier supérieur là où il n'est pas besoin d'armées permanentes pour y maintenir les populations et les contraindre à laisser vivre en paix les Européens. Il s'agit de donner une bonne direction à des populations amies, vivant à l'état patriarchal, sous l'influence apathique de son climat. Il est aisé de reconnaître l'immense différence du caractère malgache de celui du Bédouin et du Kabil ; l'action sur ces populations doit être tout autre et cela sous peine de non-sens ; agents et moyens doivent être en harmonie avec les tendances et le caractère des peuples pour arriver à un succès heureux et complet.

C'est un gouverneur civile et une administration municipale qu'il faut employer dès le début de l'occupation de Madagascar; imposer les lois de la Métropole avec les modifications que nécessitent les mœurs des indigènes et les besoins d'une colonie naissante. Nos lois sont considérées comme autant de conquêtes faites sur la barbarie; pourquoi ne pas imposer ce bienfait et faire participer les Malgaches aux bénéfices d'une civilisation avancée, du jour même où ils sont admis dans la famille française.

Il n'y a qu'un moyen pour civiliser ces peuples, c'est de les absorber dans une grande et puissante nation qui, en les initiant à ses mœurs, en leur donnant sa civilisation, en fait une partie de sa nationalité.

Les philosophes du 18me siècle ont exagéré le respect que l'on doit à la sauvagerie des habitants des forêts et des cavernes d'Afrique et d'Amérique, sous prétexte de respecter leur liberté; ils condamnent l'homme civilisé a être témoin impassible de leur cannibalisme et quelquefois victime de leur cruelle sauvagerie. Ce serait une duperie funeste à ces infortunés, il y a solidarité entre eux, et nous, nous n'avons pas la faculté de les priver des lumières évangéliques que nous avons le bonheur de posséder, Ils sont nos frères; Dieu les a placés sous notre tutelle pour être initiés aux arts et aux sciences qui perfectionnent l'âme et donnent le confortable au corps. Nul homme n'a le droit de se séparer de la grande famille humaine et nous devons contraindre ces infortunés à entrer dans son sein ; sinon, c'est les condamner à une perpétuelle barbarie, ce qui est contraire à la volonté de Dieu, qui veut que l'homme progresse en vertu et en science afin d'atteindre à la perfectibilité à laquelle il est appelé. Pour cet effet, la Providence se sert des moyens que la philosophie sentimentaliste ne comprend pas toujours, et qui ne laisse pas qu'avec le temps d'avoir un résultat qui concourre à ses lois immuables.

La liberté, pour les sauvages, est l'existence purement animale, l'isolement et l'égoïsme personnels, sont une source de guerres et de pillages; ils s'entre-détruisent; le plus faible devient la proie du plus fort, et si l'on joint à cela l'ignorance et la superstition qui les portent à faire périr leurs enfants lors qu'ils naissent dans des jours ou à des heures néfastes, ou avec de certains signes réputés malheureux voilà l'usage qu'ils font de cette liberté; la respecter serait une cruelle chose, quand la conquête seule peut faire disparaître cette barbarie.

Une telle liberté est un crime de l'ès-humanité, puisqu'à tous leurs forfaits ils en ajoutent un autre en faisant une guerre d'extermination aux hommes civilisés qui mettent le pied sur leur domination barbare, ils se séquestrent de l'humanité dans la crainte de la civilisation, puisque voilà dix années que les Ovas ont fermé les ports et l'entrée de l'île aux hommes et aux choses, et mis à mort quiconque a osé franchir ces plages inhospitalières! Vouloir respecter une telle liberté, c'est se rendre complice de leurs crimes; supposer de telles idées au Gouvernement français, c'est faire injure à Votre Majesté, qui en raison des droits de la France vous fait un devoir de placer les Malgaches sous la tutelle de nos lois.

Les conquérir pour les délivrer de la domination tyrannique des Ovas, qui les oppriment et les déciment, c'est servir la cause de l'humanité, attendu que cette conquête les placeraient sous le joug de l'égalité, de la justice chrétienne, étant sous la tutelle des aînés de la civilisation.

Le gouvernement de Votre Majesté doit considérer l'occupation, la civilisation de Madagascar et des indigènes comme un devoir que la Providence lui a imposé en lui donnant la puissance matérielle.

« Une conquête peut détruire les préjugés nuisibles » et mettre, si j'ose parler ainsi, une nation sous un » meilleur génie.

» Je définis ainsi le droit de conquête : un droit » nécessaire, légitime et malheureux, qui laisse à » payer une dette immense pour s'acquitter envers » la nature humaine en donnant au peuple conquis » un bon droit politique et de bonnes lois civiles, » et non s'en rapporter à la conscience informée » d'un gouverneur, » et Montesquieu ajoute d'après Solon, « qu'il faut leur donner les lois les » meilleures qu'ils peuvent souffrir (1). »

L'opinion de Montesquieu corrobore ce que je viens de dire à ce sujet ; à de tels arguments il est impossible de répliquer. Il y a deux siècles que nos ancêtres donnaient à cette île le nom de France Orientale, il y en a près de trois que ses enfants ont arrosé de leur sang la terre de Madagascar. Le lieutenant Cotaie, mort en combattant pour défendre son drapeau, la liberté des esclaves et la défense des lois, ainsi que le caporal Jean, et M. d'Arvoy tué en 1855, viennent clore la liste des victimes de notre patrie.

La France se doit à elle-même et aux tribus ses alliées, qui n'ont d'autre espoir qu'en elle, de les délivrer de l'oppression monstrueuse sous laquelle elles sont écrasées.

Le gouvernement de Votre Majesté n'abandonnera pas ceux qui, pour avoir salué comme libérateur l'étendard de la France et être restés fidèles aux sympathies de leurs ancêtres, sont cruellement persécutés par les Ovas. Notre patrie sera fidèle à son passé, et ce ne sera pas en vain que le faible injustement opprimé aura foi en son appui, il ne sera pas

(1) *Esprit des lois*, liv. x, chap. VIII et XXIX.

déçu dans son espérance. Le zèle que Votre Majesté a déployé en défendant l'Empire ottoman est une preuve évidente de ce qu'elle fera pour la cause sacrée de l'honneur national.

La France attend de votre sollicitude pour les intérêts matériels et politique, de l'empire, qui sont inséparables du progrès de la civilisation, que Votre Majesté ordonne l'occupation et la colonisation de Madagascar. Vous aurez, Sire, la gloire de terminer l'œuvre commencée par Henri V, Louis XIII, Louis XIV, Louis XVI, et continuée par la République, l'Empire, la Restauration et le gouvernement provisoire.

En prenant possession de Madagascar, Votre Majesté aura une fois de plus mérité la reconnaissance de la patrie, l'admiration de l'Europe et les bénédictions des pauvres et des indigènes.

Sire, en terminant, je crois devoir prendre la liberté de soumettre à Votre Majesté une considération qui, à elle seule, suffirait, selon moi, pour faire condamner le maintien de l'état actuel de nos relations avec Madagascar.

Les droits imposent des obligations : l'exercice des droits que la France possède sur l'île de Madagascar ne peut être justifié que par le bienfait de la civilisation portée chez les peuples malgaches.

Isoler Madagascar du monde civilisé, s'opposer à la formation d'établissements coloniaux par les autres nations européennes sur son sol, c'est priver les indigènes du contact de la civilisation chrétienne et obliger ces tribus à continuer de s'entredétruire, le tout pour obtenir le maintien pur et simple du *statu quo*. Une grande nation qui, à la conscience de ses droits joints à la force, ne peut agir ainsi sans perdre sa dignité, car Dieu n'a donné

à la France la puissance dont elle jouit que pour s'en servir, pour accomplir ses vues civilisatrices sur l'humanité. Malheur à nous si nous sommes infidèles à cette mission. « Si, pour remplacer nos co-
» lonies perdues, les Bourbons nous laissèrent en
» Afrique une des plus riches provinces romai-
» nes (1), Votre Majesté dotera le pays de la
» plus riche Californie du monde, en colonisant Ma-
» dagascar. »

Je conclus ce rapport en demandant qu'une commission soit nommée pour s'occuper de ce dont il est l'objet et examiner les plans d'occupation et de colonisation que j'aurai à lui soumettre. Cette commission serait chargée d'activer l'armement des troupes et du matériel d'occupation de Madagascar et aurait à examiner les propositions que les compagnies de commerce pourraient lui faire pour coloniser ce pays et harmoniser leurs règlements avec les besoins des populations malgaches.

(1) CHATEAUBRIAND, *Outre Tombe*, tom. X, p. 486.

CHAPITRE XIII.

> Il est important à un très-grand prince de choisir le siége de son empire. La mécanique a bien ses frottements, qui souvent changent ou arrêtent les effets de la théorie ; la politique aussi a les siens.
>
> *Esprit des lois*, liv. XVII, ch. VIII.

Le choix du lieu où doit être placée la capitale d'une grande colonie mérite de ne point être fait au hasard, ni de s'en rapporter au goût d'un fonctionnaire qui serait impressionné par tel ou tel site qui frapperait son imagination ou qui serait en harmonie avec les tendances de sa nature, le tempérament serait le guide d'un tel choix : la réunion des conditions voulues par le chef-lieu d'une vaste colonie doit être le mobile qui doit déterminer le chef de l'État; de ce choix dépend l'avenir colonial. Alexandre, en fondant le fameux port égyptien qui porte son nom, est une preuve du discernement commercial de ce grand roi.

En effet, l'influence de la capitale d'une nation est telle que souvent son existence est attachée à sa prospérité, laquelle dépend de sa situation topographique, qui doit être dans les conditions propres à atteindre le but que s'est proposé la nation qui fonde une colonie ou un prince qui établit le chef-lieu de ses Etats.

Le but de la France en colonisant Madagascar n'est autre que celui de la civilisation des indigènes d'abord, puis, sa prospérité commerciale, et l'influence politique attachée à une telle possession en est la conséquence : qui veut la fin veut aussi les moyens : or, le commerce et l'agriculture sont les deux éléments indispensables de toute colonisation, la capitale doit donc réunir les conditions de ce programme : elle doit être, dans les terres, située de manière à pouvoir être en communication avec toutes ses parties et mettre à même les habitants de s'y rendre facilement. Afin qu'elle exerce par la culture une heureuse influence sur la colonie, elle doit être placée sur un sol fertile et riche en productions alimentaires et industrielles. L'hygiène veut qu'elle soit sous un climat salubre et tempéré. Comme la capitale est le centre des opérations commerciales et, partant, l'entrepôt général pour ainsi dire, il est de la plus urgente nécessité qu'elle soit d'un accès facile aux navires, par sa position sur les bords d'un fleuve navigable jusqu'à la mer.

La navigation est la pulsation de toute colonie, la capitale doit en être le cœur et par conséquent avoir un port naturel pour abriter, protéger les navires et faciliter le commerce au long cours, la prudence commande qu'elle soit assez éloignée des côtes pour être à l'abri d'un coup de main, ce qui lui donnerait le temps de préparer sa défense contre toute attaque étrangère.

L'histoire qui est un manuel d'économie politique vient fortifier ma proposition, celle d'une capitale est presque toujours celle abrégée d'une nation, sa situation seule révèle sa naissance et fait prévoir son avenir. L'antiquité nous montre Tyr, Carthage, Athènes et Marseille, capitales de colonies riches et puissantes; au moyen-âge florissent Gênes, Venise, Lisbonne, Cadix, les villes Anséatiques, Amsterdam, et dans les temps modernes Londres, Nantes, Bordeaux, Saint-Malo, l'Orient, New-York, Philadelphie, Charlestown, Boston, Rio-Janerio, Buenos-Ayres, Montévideo, et enfin, Sidency, Mel-Bourne et San-Francisco ferment la liste de ces villes maritimes, sources de richesses pour leurs habitants qu'ils doivent à la situation de leurs cités. Les nations qui possédaient ces riches cités se sont rendues célèbres par leur prospérité commerciale et surtout par leurs colonies, elles ne prenaient les armes que pour son extension, tout en protégeant leurs alliés et leurs concitoyens émigrés, elles protégeaient leur commerce et s'ouvraient de nouveaux débouchés. Trouver des consommateurs était leur unique politique.

Tandis que les Mèdes, les Perses, les Syriens, les Egyptiens et les Romains combattaient pour l'agrandissement de leurs frontières et l'augmentation de leurs sujets, ces nations avaient soif de la gloire, leurs grands hommes étaient dévorés d'orgueil et d'ambition, ils ne répandaient le sang que pour satisfaire la vanité nationale et la leur; elles devaient ces tendences à leur situation topographique.

En effet, les premières étaient bâties sur les bords de la mer, elles en étaient les ports et ces ports étaient de fécondes mamelles qui nourrissaient et enrichissaient ces nations, elles avaient le vaste champ des mers à parcourir, leur génie avait su les dompter, et leurs navires mettaient à contribution toutes les plages du monde. Les arts et l'industrie étaient leur unique occupation ; les étrangers à leur solde faisaient la guerre, des essaims de compatriotes allaient volontairement au loin coloniser ; de sorte que leurs navires trouvaient loin de leur patrie une autre patrie. Leurs enfants en avaient par leur dévouement reculé pacifiquement les frontières et procuré de nombreux débouchés à ses produits ; telles étaient pour ces cités la source de leurs richesses et la prospérité de leurs citoyens.

Les nations éloignées des mers procédaient tout autrement, enclavées dans des forêts, environnées d'ennemis, leur existence les obligeait à les défricher, et pour conserver leur liberté ils étaient obligés de prendre constamment les armes; telle est la source de la différence d'aptitude et de mœurs des nations du monde. L'agriculture et la guerre étaient donc une nécessité impérieuse pour ces dernières, il leur fallaient briser les obstacles qui s'opposaient à leur conservation ; leur énergie s'appliquait à les détruire. Le besoin d'activité les portait à faire la guerre, le courage, la persévérance, l'intelligence et la force qu'elles ont déployées dans leurs guerres a fait disparaître une foule de petits peuples, qui réunis ont formé de grandes nations.

Madagascar étant une colonie agricole environnée par la mer, sa capitale doit être l'entrepôt de ses produits et répondre au but de la situation de l'île. En effet, Bossuet démontre l'influence qu'exerce sur un pays la situation de sa capitale : « Comme » toutes les lois tendaient à faire de Lacédémone » une république guerrière la gloire des armes » était le seul charme dont les esprits de ces » citoyens fussent possédés, la liberté y était con-

» trainte par des lois sévères, plus elle était ré-
» primée au-dedans, plus elle cherchait à s'é-
» tendre en dominant au-dehors.

» Athènes voulait aussi dominer, mais par un
» autre principe ; l'intérêt se mêlait à sa gloire, ses
» concitoyens excellaient dans l'art de naviguer,
» et la mer où elle régnait l'avait enrichie. Pour
» demeurer seule maîtresse de tout le commerce,
» il n'y avait rien qu'elle ne voulût assujettir ; et
« ses richesses, qui lui inspiraient ce désir, lui four-
» nissaient le moyen de la satisfaire. » Montesquieu dit, d'après Xénophon : « qu'Athènes a l'empire de la
» mer et qu'elle est remplie de projets de gloire, plus
» attentive à étendre son empire maritime qu'à en
» jouir. Les côtes d'Afrique, de l'Asie-Mineure, de
» la Sicile, de l'Italie furent peuplées par ses co-
» lonies (1). »

Ne dirait-on pas que la rivalité de ces deux nations est celle de la France et de l'Angleterre ; la gloire reste aux Athéniens comme elle est de nos jours assurée aux Français sur leurs voisins d'Outre-Manche, la situation de leur capitale explique leurs tendances, leur rivalité, et leur aptitude maritimes est une nécessité d'existence pour les Anglais.

Emirne, chef-lieu des Ovas, ne saurait convenir pour en faire le centre de la colonie française, bien que son climat soit très-salubre et qu'elle soit située au centre de l'île, elle est trop éloignée de la mer et dépourvue de grands cours d'eau navigables : le sol qui l'environne, à une très-grande distance, est d'une mauvaise nature férugineuse et complétement épuisé par une population ignorant l'agriculture qui, à force de le faire produire l'a rendu stérile, il ne donne pas même de bois pour les usages domesti-

(1) Blanqui, résumé de l'histoire du Commerce.

ques; les habitants sont obligés de cuir leurs aliments avec des fientes de bêtes à cornes.

Bâtir une capitale sur un sol si pauvre, si dénudé, et manquant d'eau, serait le comble de la folie. Les colons seraient obligés de faire venir à grands frais les matériaux pour les constructions et autres besoins, ce qui est un obstacle insurmontable pour une citée naissante, attendu que les colons possèdent peu de ressources et que l'Etat en a peu à mettre à leur disposition, il vaut mieux qu'ils les réservent pour leur industrie et leurs travaux agricoles.

Il faut considérer que les moyens de transports et de communications seraient fort dispendieux, attendu qu'ils se feraient par terre, ce qui les rendraient longs et coûteux. Dans un pays où il n'existe aucune voie de communication, de quelle importance serait la navigation fluviale; c'est donc sur les bords d'un fleuve que doit être placée la nouvelle capitale qui serait en rapport direct avec la mer. Que ce soit sur la rive du Betsibouka, qui descend des monts Angavos et parcoure 500 kilomètres dans un pays fertile et va déboucher à la mer dans le port de Bombetok, ou que ce soit entre les bords du lac Kinkouni et le fleuve le Mandzaraï qui reçoit le trop plein de ses eaux et va se jeter à la mer, à l'ouest de la baie de Bombetok, ces deux points offrent tous les avantages désirables pour un tel établissement.

Il est temps d'abandonner les vieux errements routiniers de la marine qui ne voit rien au-delà de la possession d'une rade à la côte Est où le climat est le plus malsain de l'île entière, avoir un point de relâche dans d'aussi fatales conditions que celles du passé, mieux vaudrait ne pas faire d'expédition ; c'est non-seulement compromettre l'avenir de son commerce, mais encore exposer la vie des marins et des colons, et dépenser sans utilité l'argent de la France pour n'en recueillir que la honte ainsi que cela est arrivé depuis notre première installation à Madagascar jusqu'aujourd'hui; suite naturelle de notre inintelligence dans le choix des localités, réunissant les conditions que j'ai énumérées plus haut, et l'insuffisance des moyens et des agents pour accomplir une telle entreprise.

Placer le chef-lieu d'une colonie dans un port de mer, c'est s'exposer à perdre un pays tout entier au premier choc d'une agression maritime, à moins d'y dépenser des millons et d'en faire un Sébastopol. Le siége d'une colonie doit être comme je viens de le dire, à l'abri d'un coup de main, ce n'est que sur le continent assez avancé dans les terres qu'il peut se suffire par les ressources alimentaires du sol qui l'environne, résister longtemps à l'ennemi, et attendre des secours de la métropole ou des autres parties de l'île. Dans le cas d'un insuccès, pouvoir se retirer dans l'intérieur et faire la guerre en partisans, surtout dans un pays accidenté.

Les officiers de la marine de l'Etat ont toujours cru que posséder un port de refuge militaire, c'est avoir une colonie et protéger le commerce français; les faits passés à Madagascar témoignent à ce sujet dans quelle erreur étaient ces messieurs.

Il faut considerer que la culture, les produits du sol et la consommation des habitants font l'alimentation du commerce maritime; avoir un port sans assurer cette alimentation, c'est continuer ce qui a été fait jusqu'à présent sur la grande île malgache. Le système d'occupation partielle suivi a fait répandre bien du sang et compromis les intérêts des Français et la dignité de la France.

Vouloir des ports de refuges sans coloniser c'est vouloir l'impossible. surtout ne voulant faire aucune dépense et n'y plaçant qu'une centaine de soldats pour défendre un pays plus grand que la France. Bien que les chambres, en 1846, aient déclaré que la France ne reculera devant aucun sacrifice pour assurer ses droits et sa dignité sur le sol malgache, il n'a nullement été tenu compte du vœu de la nation; de grands malheurs en ont été la conséquence, au jour du danger, nos concitoyens et nos postes sont tombés sous la main des sauvages, faut-il suivre ce funeste système? Non, assurément non! car c'est lui qui a rendu notre commerce si précaire, fait expulser nos colons et qui a fait répandre le sang de nos soldats.

Que ces messieurs soient bien persuadés qu'on ne trouve un refuge certain que dans les ports des colonies de compatriotes qui savent les défendre et les alimenter ainsi que leurs équipages. Le secours qu'on y trouve est efficace, l'intérêt commun et les dangers, voilà ce qui en fait la sécurité.

Je conclus qu'on ne possède un pays qu'en le colonisant, et que son chef-lieu doit être placé dans les conditions que j'ai énumérées ci-dessus, c'est-à-dire éloigné des côtes et assez au centre de l'île par rapport à son étendue, et placé près d'un grand fleuve pour communiquer avec la mer, ayant sous ses murs de vastes bassins pour port, telles sont les conditions dans lesquelles doit être fondée la capitale de la France orientale.

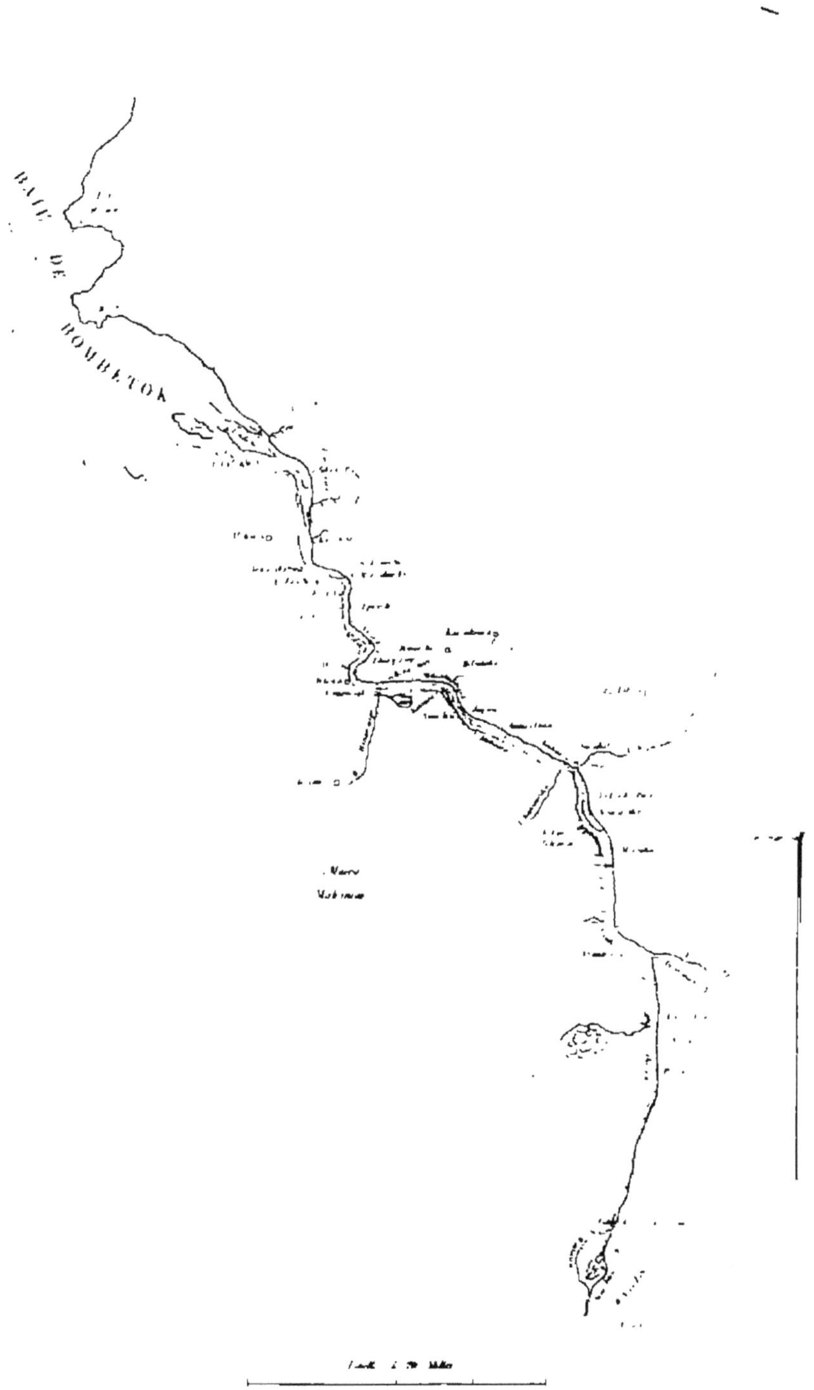

BAIE DE BOMBETOK

CHAPITRE XIV.

> Bien loin de gêner le commerce par des impôts, on promettrait une récompense à tous les marchands qui pourraient attirer à Salente le commerce des autres nations. Ainsi les peuples y accoururent en foule de toutes parts. Le commerce de cette ville était semblable au flux et au reflux de la mer; les trésors entraient comme les flots viennent les uns sur les autres.
>
> (Télémaque, XII.)

La baie de Bombetok est située par 16° 30' de latitude et 44° de longitude selon Owen. Elle s'étend au nord, nord-ouest, est, sud, sud-ouest, à environ 24 kilomètres dans les terres, sa largeur, à l'entrée, est de 5 kilomètres; dans l'intérieur elle varie de 4 à 9. Le fleuve de Betsibouka s'y jette par deux embouchures principales; il prend sa source dans les monts Angavos, passe à Tananarivou, reçoit les eaux de la province d'Ancova, celle de l'Antsianak, une des provinces les plus riches de Madagascar, ainsi que celle de Boéni, se perd dans le port de Bombetok après un parcours de 515 kilomètres; c'est le fleuve le plus grand de l'île, il donne une immense importance au port de Bombetok, lequel a toujours été le plus fréquenté par toutes les nations qui naviguent dans ces parages. Les Africains et les Arabes formaient la majeure partie des habitants de Modzangail (ou Bombetok).

Avant la conquête de Ra Dama, cette ville se composait de 15,000 âmes. Balbi porte la population à 30,000 ; sa prospérité a fait exagérer ce nombre ; la guerre ova a ruiné la ville et fait disparaître les habitants, un pauvre village de 400 âmes, débris de la population de Modzangail, est tout ce qu'il en reste. — En 1827, les Ovas y ont établi une espèce de fort qui domine ce village ; ce toubi n'est défendu par aucun ouvrage, un fossé large de deux mètres et une palissade laissant un espace vide aux quatre coins pour servir d'issue, six mauvaises pièces en fonte sur les affûts pourris défendent ce fort, le village et la rade.

Ce pays est le centre des populations sakalaves du nord qui supportent impatiemment la domination ova ; mais celles qui n'ont pas abandonné leur patrie ne restent que pour garder les tombes vénérées de leurs rois.

Le port de Bombetok est le plus près d'Emirne, il n'en est éloigné que de 70 lieues ; les trois quarts du trajet se font par eau et le reste par terre ; les chariots peuvent aisément transporter les matériaux les plus lourds ; c'est ainsi qu'ont été transportés les canons qui sont à Emirne, capitale ova. De la mer à Emirne le sol s'élève en pente douce, il est dépourvu de forêts et de marais, ce qui rend le trajet facile et permet d'y établir à peu de frais un chemin central de communications.

Les navires peuvent remonter le fleuve jusqu'à Amboudiroka, dans la province de l'Antsianaka, à 35 lieues du port et à 40 environ de la mer, les bateaux peuvent le remonter bien plus haut dans l'intérieur.

Aucun port malgache n'offre autant d'avantages et de sécurité que le port de Bombetok. Ses parages sont ordinairement épargnés par les tempêtes qui désolent les autres plages de l'île. La fièvre y est peu dangereuse, attendu que les plages sont sablonneuses et que la mer marne de quatre mètres au moins.

Sa position dans le canal Mozambique à 115 lieues de cette île, à 55 de la baie de Bavatoubé, à 100 du cap d'Ambre, à 240 du cap de Sainte-Marie, 720 de l'entrée de la mer Rouge et de Suez, à 1150 et à 940 d'Armuse du golfe Persique et à 800 de Bombay, à 680 du cap de Bonne-Espérance et à 1150 de Basra(Perse), offre un port au centre des plus commerçants du monde, en ferait un des plus grands entrepôts commerciaux maritimes; il s'y ferait avec l'Afrique, l'Arabie et l'Inde, un commerce très actif, et avec l'Europe, par la mer Rouge lorsque l'isthme de Suez sera canalisé, mais surtout lorsque Madagascar sera reliée à la France par la télégraphie électrique. C'est une dépense de 2,000,000 à peu près.

Le chef-lieu de la colonie française, en communication directe avec ce port et le lac Kain-Kouni qui en est à 12 kilomètres, serait un élément de plus pour sa prospérité.

La campagne qui environne ce magnifique bassin présente à la vue un ensemble d'un aspect splendide. Le sol malgache étale avec un luxe inouï la richesse de sa fécondité : l'œil charmé contemple avec bonheur le majestueux panorama qui se déroule sous les yeux, et fuit en mariant harmonieusement les teintes vertes des savanes et des forêts aux monts azurés de l'horizon qui se fondent avec le ciel et semblent n'en faire qu'un vaste océan d'azur.

Un tel spectacle émeut l'âme. Cette nature grandiose parle au cœur de l'homme ; il voit dans cette nature vierge la bonté de Dieu, sa puissance et sa majesté ; il sent pourquoi il l'a créé et lui rend hommage de sa liberté qui est le premier de ses bienfaits. Une aussi agréable solitude lui inspire de fixer sa tente sur ce sol si fécond, qui n'attend que des bras intelligents pour lui donner le centuple au delà de son nécessaire.

CHAPITRE XV.

> Possédez une bonne terre; couvrez-lade peuples innombrables, laborieux et disciplinés; faites que ces peuples vous aiment; vous êtes plus puissant, plus heureux et plus rempli de gloire que tous les conquérants du monde, qui ravagent tant de royaumes.
>
> (Télémaque, XII.)

Le temps qui se sera écoulé depuis la prise de Tanavarivou, jusqu'à ce que la nouvelle capitale soit fortifiée, ainsi que les autres postes occupés par les troupes françaises, permettra au gouverneur de connaître l'esprit des populations, leur opinion et leur sympathie à notre égard; cette connaissance le mettra plus à même de diriger les populations indigènes dans le sens qu'il convient aux intérêts de la colonie et aussi dans leur intérêt particulier; de sorte qu'il prendra avec connaissance de cause les moyens propres à atteindre ce but.

Lorsque son autorité sera suffisamment affermie par le concours de la force armée, s'il en était besoin, il convoquera les chefs indigènes et leur fera connaître qu'ils aient à prêter le serment qui est d'usage entre les indigènes lorsqu'ils ont été vaincus et qu'ils se reconnaissent sujets de la France ; ils s'obligeront à porter les armes pour défendre l'autorité et les Français envers et contre tout, et feront connaître au gouvernement les entreprises de ses ennemis. Ceux qui ne pourront se rendre près de l'autorité, soit pour cause de maladie ou autre, un agent leur sera envoyé à cet effet, tels sont les usages malgaches, usages qu'il faut observer en cette circonstance.

Les chefs qui auront prêté ce serment seront maintenus à la tête de leur tribu, ayant autorité de juge de paix, avec la faculté de désigner les hommes pour les corvées exigées par l'Etat ou le besoin de la localité : ils seront chargés et responsables des impôts de leur tribu, ils exerceront cette autorité conformément aux lois de la colonie. Ils surveilleront les chefs de village, lesquels feront la police dans leur dépendance, et cela après en avoir reçu le même serment que celui qu'ils ont fait à l'autorité supérieure. Les uns et les autres seront responsables, chacun en ce qui les concerne dans leur juridiction, des délits politiques et autres entreprises contre l'ordre et l'intérêt de la colonie, s'ils ont négligé d'en prévenir l'autorité locale.

Tout attentat contre les colons sera sévèrement puni, il en sera de même à l'égard des colons lorsqu'ils auront maltraité ou lésé les indigènes. Tout refus d'obtempérer aux ordres de l'autorité en matière grave, encourt une peine proportionnée au délit et qui peut aller jusqu'à la destitution, à l'exportation et condamnation de travaux publics ; alors la tribu perdra le droit d'être commandée et jugée par un de ses membres, elle recevra le chef que lui donnera le gouvernement pour remplacer le coupable, de même, le chef de la tribu peut destituer le chef de village et en nommer un, sauf à en rendre compte à l'autorité locale qui poursuivra le coupable, s'il y a lieu.

Les chefs de tribus, princes ou autres, qui refuseront de prêter le susdit serment, perdront de fait le droit de rester à la tête de leur tribu pour en remplir les fonctions désignées plus haut, ils seront remplacés au plus tôt par un de leur proche parent ou allié de famille, à leur défaut, celui qui jouit des qualités et de la considération de la tribu sera mis à leur lieu et place.

Après avoir prononcé leur serment ils recevront un signe distinctif pour exercer leurs fonctions et ils seront tenus de rendre ce signe visible pour que l'acte soit légal. Dans les réunions, cérémonies politiques ou religieuses, les chefs auront une place d'honneur conforme au rang qu'ils occupent dans la hiérarchie sociale.

Les principaux chefs seront de droit membres du conseil colonial pour y être consultés en ce qui a rapport aux indigènes et à leur localité, ils y entendront seulement les conclusions des discussions, les ordonnances et autres arrêts, tant de la métropole que du gouvernement local. Ils seront tenus tous les ans de rendre compte de leur administration et feront les observations et réclamations que nécessite l'intérêt de leurs administrés.

Les populations malgaches vivent en famille, formant de petits villages disséminés sur le pays et très-éloignés les uns des autres ; il faudrait remédier à ce grave inconvénient aussitôt que les postes militaires seront établis et que l'opportunité le permettra. Ces populations seront groupées autour des postes de leur district, des villages seront établis de distance en distance sur les chemins de grandes communications, et d'étape en étape il y aura un centre de population cantonal.

La formation des villages sera un bienfait pour les indigènes; ils seront plus en contact avec les colons et les missionnaires : l'action civilisatrice pourra exercer sur eux toute son influence, ce qui serait impossible s'ils étaient isolés; mais, agglomérés en villages, il serait facile de leur donner une bonne impulsion, l'expérience m'a prouvé que c'est le seul moyen d'obtenir immédiatement un résultat durable.

Il est d'une extrême importance de ne point laisser vivre les indigènes dans l'isolement de leur sauvagerie patriarcale comme par le passé; négliger l'avis que je viens d'émettre plus haut serait paralyser les effets et les sacrifices de la mère patrie et priver les colons du concours indispensable de leurs bras, les cités d'approvisionnement, et par-dessus toutes choses ce serait refuser l'instruction que les parents recevraient au contact des colons et celle élémentaire qu'il serait possible de donner à leurs enfants.

Réunis en village, la mission du magistrat et du prêtre deviendra facile; l'exemple sera un puissant mobile pour eux d'embrasser nos mœurs.

Il faudrait bien se garder d'imiter la conduite de certains Etats d'Amérique, lesquels font une guerre d'extermination aux indigènes qu'ils dépouillent du sol qui leur appartient pour s'en emparer; ces malheureux sont repoussés aux fonds des déserts, et là encore sont-ils traqués comme des bêtes fauves, et cela parce qu'ils défendent leur sol.

Le Malgache ôte tout prétexte de le traiter si cruellement, ses dispositions à notre égard sont cordiales et pacifiques; de tout temps il a aimé les Français. Si les Ovas se sont levés contre nous, on sait à l'instigation de qui; si les indigènes ont fait du mal aux Français, c'est que les individus qui en ont été victimes doivent s'en prendre à la pitoyable administration des représentants de la France à Madagascar, et pour achever de dissiper toute crainte que les Ovas ne viennent troubler la sécurité générale, il serait prudent de disperser les habitants de Tanavarivou, ainsi que les autres Ovas, sur les côtes nord et nord-ouest, au milieu des tribus sakalaves qui sauraient mieux les surveiller et les contenir que le gouvernement local; de longtemps il ne faudrait leur permettre de s'établir au centre de l'île dans un lieu isolé et d'un difficile accès. Ces dispositions s'étendront à tous ceux qui nous seront hostiles. Ce déplacement produira un très-grand effet sur l'esprit des populations, la crainte de ce châtiment assurera la tranquillité publique et achevera de pacifier l'île.

Les indigènes seront désarmés, les armes qu'ils auront reçues pour concourir à l'expédition française seront remises à l'autorité préposée à cet effet. Il leur sera permis de garder leurs sagaïes à la campagne seulement.

Les colons auront droit d'avoir des armes; il sera défendu de vendre de la poudre et des armes aux Malgaches; l'autorité seule pourra en donner la permission. Une milice devra être formée dans chaque centre de population, les villages environnants en feront partie, les chefs indigènes seront associés au commandement des compagnies à la tête desquelles seront les colons qui seront officiers et sous-officiers.

L'emplacement de chaque ville et village sera choisi avec soin, et chaque ville sera composée d'un quart de colons européens autant qu'on le pourra. Les rues seront larges et bien percées, bien aérées et surtout emplantées d'arbres ayant de distance en distance des jardins publics au milieu desquels seront des fontaines qui fourniront abondamment de l'eau pour les besoins des habitants, la propreté et la salubrité de la cité.

Dans chaque chef-lieu cantonal, il y aura une église, un presbytère, une école, une maison commune, un asile pour les malades ou infirmes avec consultations gratuites, un bazar, un lavoir public et des bains. Dehors de la ville sera le cimetière, et l'école d'agriculture ainsi que la pépinière d'essais sous le nom de Ferme Modèle. Les grandes voies de communications et autres ainsi que les rivières seront bordées d'arbres.

Les chemins vicinaux seront à la charge des localités sur le territoire desquelles ils passent. Les grandes routes seront à la charge de la colonie.

Aux environs des villes et villages, des terrains seront réservés pour le parcours des animaux, et des forêts pour les besoins domestiques des habitants, lesquels auront chacun une part dans la coupe de ces bois, sans pour cela prétendre avoir la propriété du sol qui est et sera inaliénable ainsi que les parcours communaux; dans les contrées où il n'y a pas de bois les habitants seront tenus d'en planter sur une partie de leurs terrains communaux.

Il serait bon, pour prévenir les incendies rurales d'entourer les propriétés d'arbres utiles, cette précaution est nécessaire sous un ciel brûlant Les chemins d'exploitation seront à la charge des riverains. Les colons auront droit de prendre les matériaux qu'ils auront besoin pour leurs constructions d'habitations dans les forêts de l'Etat, communaux ou autres non concédés; ils pourront acheter dans les magasins de l'Etat les choses dont ils auront besoin pour leurs constructions et exploitations, s'ils ne les trouvent pas dans la localité; au besoin ils pourront faire fabriquer ces objets dans les ateliers de l'Etat, sans que l'on puisse le leur refuser, bien entendu en payant la valeur de la chose.

Une commission dite coloniale sera spécialement chargée des concessions de terres, encouragements, indemnités à donner soit aux indigènes ou aux colons elle s'occupera particulièrement d'améliorer l'agriculture et des moyens propres à favoriser le commerce de la colonie; elle fera dresser les plans des routes principales et des chemins vicinaux des villes et villages des ports de mer, phares et autres établissements publics.

Ces plans seront exposés pendant un cert ain laps de temps, après quoi ils seront mis à exécution ; après la sanction du gouverneur les autorités seront obligées de les faire exécuter.

S'il survenait un conflit entre la commission et le gouvernement, la chambre coloniale décidera la question.

Les demandes des cessions de terre seront adressées à cette commission. Il y sera fait droit dans le plus bref délai; ces concessions ne seront pas moindre d'un hectare à la campagne, et au-dessous aux environs des villes et villages. La grande quantité de terrains permet à la commission de faire de grandes concessions aux colons. Il est superflu de leur imposer des conditions onéreuses; elle doit facilement les concéder et le plus possible. En outre de la concession rurale chaque colon aura droit à un terrain destiné à y construire une habitation et y joindre verger ou jardin, ce terrain sera d'une contenance suffisante pour que l'habitation soit vaste, aérée et surtout commode; la quantité de mètres sera en raison des ressources de la localité; les arbres et les semences seront fournies gratuitement, autant que les moyens de la commission le permettront.

Les fondations d'industries utiles seront encouragées selon les services qu'elles peuvent rendre à la colonie. Les hauts fournaux et les forges auront de vastes cessions de forêts en coupes réglées, et les terrains pour extraire les minéraux. Il en sera de même pour les briquetiers et les chaufourniers; les scieries mécaniques, et les constructeurs de navires auront droit à prendre les bois dans les forêts coloniales, pour les besoins de leurs industries, il est bien entendu que ces industries ne jouiront de ce privilége qu'autant qu'elles travailleront pour les besoins des colons et leurs exploitations sur sol de la colonie; les produits de ces industries ne seront point exportés à moins que les producteurs soient obligés de payer une indemnité à la colonie, fixée par la commission coloniale.

Les colons laborieux auront droit au concours efficace de la part de la commission. L'emploi des sommes et des instruments aratoires sera contrôlé par un inspecteur de la commission qui en dressera procès-verbal.

Des foires et marchés seront établis dans chaque chef-lieu de cantons; c'est pendant leur durée qu'auront lieu les concours agricoles et que se distribueront les encouragements aux agriculteurs, aux éleveurs de bêtes à laines et autres espèces d'animaux domestiques, particulièrement aux éleveurs de vers à soie.

L'île étant dépourvue de belles espèces de moutons à laines fines le gouvernement donnera des ordres pour en introduire dans le pays; la colonie du Cap pourra fournir au-delà de ce qui sera nécessaire aux premiers besoins des éleveurs. Les bœufs sont très-nombreux à Madagascar, il n'y a pas une seule vache laitière; c'est une ressource trop précieuse pour que l'autorité ne s'empresse pas de l'introduire immédiatement afin de renouveller l'espèce bovine. Les colonies anglaises du Cap et de l'Inde peuvent fournir ces belles espèces si appréciées par leurs agronomes; il n'y a pas un seul cheval ni chameau, ni âne à Madagascar. C'est donc encore de nouveaux bienfaits à rendre à la colonie que d'y importer des serviteurs qui sont indispensables à l'homme civilisé, et sans lesquels il n'y a point de bonne agriculture possible; ils sont les ouvriers de la terre, ils sont les soutiens du laboureur et supportent les fatigues les plus pénibles, ce qui les lui rend indispensables. Des haras seront établis dans différents quartiers de la colonie, un ou plusieurs étalons ainsi que des mâles servant à reproduction des belles espèces habiteront dans les Fermes Modèles fondées par le gouvernement pour l'utilité et l'enseignement des colons qui auront droit d'y prendre les plans dont ils auront besoin.

Donner seul le bien-être matériel aux colons ce n'est remplir qu'imparfaitement la tâche du législateur s'il n'y joint l'instruction qui fait apprécier les bienfaits de la civilisation et rend les hommes meilleurs en leur faisant connaître leur devoir envers eux-mêmes et la société, la vertu fait les citoyens; et pour former des citoyens, ce n'est pas l'affaire d'un jour, et pour les avoir hommes, il faut les instruire enfants, dit J.-J. Il serait bon de prendre les enfants des chefs pour les faire instruire dans nos écoles, ils serviraient d'ôtages, ce qui forceraient les chefs à vivre en paix et à y maintenir les populations sur lesquelles ils ont naturellement une très-grande influence.

Il serait créé à Paris, une école spéciale pour y former des instituteurs destinés à la colonie. Cet établissement recevra les jeunes malgaches qui se seront distingués dans les écoles coloniales, il leur sera donné une instruction supérieure. Cette maison sera organisée selon sa destination. Des navires à vapeurs seraient affectés pour le service postal, pour Suez, la Réunion, Maurice, l'Inde, et une ligne de télégraphe électrique reliera la colonie à la France. Des lignes seront établies dans l'intérieur pour le service public.

Il est une mesure à laquelle le gouvernement de mon pays doit attacher la plus grande importance, et qui sollicite toute son attention; il s'agit du sort de ces pauvres enfants trouvés, qui sont, hélas! vraiment abandonnés sitôt qu'ils sortent de dessous la tutelle des hôpitaux; il s'agit donc de leur donner un avenir, une position enfin, en les fixant au sol malgache; c'est le plus grand bienfait que l'on puisse leur faire : cette mesure tarira la source de nos bagnes et de nos prisons, ils ne pourront pas de Madagascar revenir en France aussi facilement que de l'Algérie qui est à nos portes, où la vie y est plus difficile.

Les Anglais ont très-bien compris l'utilité d'une telle mesure pour leurs colonies; la patrie y trouve ainsi qu'eux leur avantage; c'est une mesure humanitaire et qui aurait le résultat le plus heureux.

Les enfants d'esclaves ou autres seront placés dans les fermes écoles, où ils recevront l'instruction élémentaire et agricole. C'est dans ces établissements que les enfants naturels seront envoyés, ils y seront un sur trois enfants indigènes, ce contact aura un heureux résultat pour le progrès de l'instruction des malgaches, et préparera la fusion des deux races dans un temps donné; il y aura de semblables établissements pour les filles, ces deux institutions concoureront admirablement au but de la colonisation, par des marioges qui formeront de nouvelles familles, lesquelles tiendront au sol par les liens les plus chers.

Je supplie Votre Majesté de prendre en considération le vœu que je viens d'émettre pour le bonheur de ces pauvres déshé rités du bonheur de la famille et du dévouement maternel.

« Les peuples sont à la longue ce que le gouver-
» nement les fait être ; il doit former des hommes,
» s'il veut commander à des hommes (J.-J.). » L'avenir de la colonie dépend entièrement de la bonne direction qui lui sera donnéé, dès le commencement, par son chef et ses coopérateurs.

CHAPITRE XVI.

> La vertu politique est comme l'or, il faut, pour rendre ce métal ductile et pour le convertir en monnaie à l'usage du commerce humain, l'amollir par un peu d'alliage.
>
> LAMARTINE, *Histoire de César*, § XIX.
>
> Il est pour les nations comme pour les hommes un temps de jeunesse ou, si l'on veut, de maturité qu'il faut attendre avant de les soumettre à des lois. J.-J.

Notre législation reconnaît la nécessité des lois particulières pour régir nos colonies; le législateur a compris que le mélange des populations et leurs différents besoins nécessitaient une législation particulière.

C'est à Madagascar que ce système doit être appliqué; il est impossible de faire passer sans transition des populations presque sauvages au degré le plus élevé de la civilisation, en leur imposant nos lois qui ne seraient pas comprises par les indigènes et qui, pour le présent, ne répondraient pas aux besoins de leurs mœurs. Le gouvernement des États-Unis a très-bien senti cette nécessité, et malgré sa démocratie et sa législation avancée, l'Union américaine reconnaît, en fait, la légalité de l'esclavage. Si ce pays modèle de liberté donne cet exemple, c'est que des raisons majeures l'y oblige.

C'est donc par le même motif et dans un pays de récente occupation que l'esclavage doit rester ce qu'il est au jour de la conquête. Aux débuts de nos rapports avec les indigènes, il faudrait éviter de les heurter violemment par des mesures tout à fait impolitiques ; il serait dangereux de proclamer l'émancipation des esclaves aussitôt la prise de possession, cette mesure, périlleuse et difficile, entraverait singulièrement la colonisation, car les populations ne manqueraient pas de se soulever contre nous comme elles le firent à Nossi-Bé, en 1849. Ce qui surprendra les amis de la liberté, c'est que ce furent les esclaves presque seuls qui se montrèrent nos ennemis acharnés dans la guerre qu'ils nous firent lors de leur émancipation. « C'est une maxi- » me capitale qu'il ne faut jamais changer subite- » ment les mœurs; dans un état despotique, rien ne » serait plus promptement suivi d'une révolution. » C'est que, dans ces états il n'y a point de lois, » pour ainsi dire: il n'y a que des mœurs et des » manières, et si vous renversez cela, vous ren- » versez tout. » (*Esprit des lois* liv. IX, ch. XII.) On comprendra que la chose est d'autant moins faisable lorsque l'on saura que l'esclave, à Madagascar est pour ainsi dire l'égale de son maître avec lequel il mange et travaille; en un mot, il est considéré par lui comme l'enfant de la maison, et son maître le traite comme étant de la famille; il n'en était pas ainsi dans nos colonies, la servitude y était dure et parfois cruelle, c'est sur des exceptions que l'opinion publique s'est formée de la condition des esclaves, opinion erronée quant à la condition inhérente à l'esclavage.

« Il y a deux sortes de servitudes : la réelle et la

» personnelle. La réelle, est celle qui attache l'es» clave aux travaux des champs. La servitude-per» sonnelle se rapporte plus à la personne du maître. » Les peuples simples n'ont qu'un esclavage réel.» (*Esprit des lois*, liv. xv, ch. x.) A proprement parler, l'esclave, à Madagascar, ne l'est que de nom, si les uns vivent dans la case du maître, le plus grand nombre vivent dans des villages et même fort éloignés de leurs patrons, où ils s'occupent de leurs propres plantations, ne subissant d'autre contrôle que celui de leur volonté; si l'on considère la douceur des malgaches on pourra se faire une juste idée de la condition des esclaves à Madagascar.

« Les peuples des Indes sont doux, tendres com» patissants, donnent aisément la liberté à leurs » esclaves; ils les marient; ils les traitent comme » leurs enfants. » (*Esprit des lois*, livre xiv, ch. xv).

Les esclaves qui sont achetés aux mahométants, sont ordinairement des Caffres ou des Mosambiques, ces pauvres êtres sont si heureux de tomber avec des maîtres qui les traitent avec douceur et qui ne les accablent pas de travail, qu'ils les servent avec plaisir et restent volontiers dans la case du maître. S'ils ont des enfants ils sont élevés avec ceux du patron auxquels il s'allient; c'est ainsi que les races se sont croisées à Madagascar; en réalité l'esclave y est libre sous cette dénomination, aussi ne réclame-t-il pas sa liberté comme ceux de nos colonies. Les malgaches sont agriculteurs, et comme toutes « les » nations, qui l'attachent elle-même au travail ont » ordinairement plus de douceur pour leurs escla» ves que celles qui y ont renoncé. » (*Esprit des lois*, liv. xv, ch. xvi.)

Proclamer l'émancipation à Madagascar, c'est déclarer la guerre à tous sans distinction. L'homme civilisé comprend le grand principe de la liberté, l'esclavage lui fait justement horreur, tandis que le sauvage, privé des lumières de la raison, et dont la conscience n'a pas été éclairée par le flambeau divin de l'Evangile, ne comprend rien au delà de l'existence purement matérielle. La force et l'habitude, telle est sa loi, du reste, il croirait que l'on veut lui ravir sa liberté en le faisant libre sans lui. Libre par la loi, il se croirait esclave par conviction. « En » général, les peuples sont très-attachés à leurs cou- » tumes ; les leur ôter violemment, c'est les rendre » malheureux. « (*Esprit des lois*, liv. XIX, ch. XIV.) Cet acte ne changerait en rien leur existence, ils élu-deraient la loi, ce qui serait la source d'une infinité de troubles et de discordes.

« Il est plus nécessaire de laisser à la nation vain- » cue ses mœurs que ses lois, parce qu'un peuple » connaît, aime et défend toujours plus ses mœurs » que ses lois. » (*Esprit des lois*, liv. X, chap. X, et XI.)

Il est donc prudent de temporiser pour ne pas troubler la paix et arrêter l'élan de la sympathie des naturels dans lesquels nous devons trouver d'immenses secours pour la possession et le développement de la colonisation qui ne peut se passer de leur concours. « On a le droit de maintenir la servitude » lorsqu'elle est nécessaire pour la conservation de » la conquête, car il peut arriver qu'elle soit un » moyen nécessaire pour aller à la conservation.

» Dans ce cas, il est contre la nature de la chose » que cette servitude soit éternelle. Il faut que l'es- » clave puisse devenir sujet. L'esclavage dans la » conquête est une chose d'accident. » (*Esprit des lois*, liv. X. chap. III.)

J'insiste, et je dis qu'il faut leur donner le temps d'apprécier le bienfait de la liberté, et les initier à la civilisation, au contact des civilisés, alors ils comprendront les devoirs qu'elle impose à des hommes libres. « Il ne faut pas faire tout à coup et par une » loi générale un nombre considérable d'affran- » chissements. Il y a diverses manières d'introduire » de nouveaux citoyens dans la république. Les lois » peuvent favoriser le pécule et mettre les esclaves » en état d'acheter leur liberté. Elles peuvent don- » ner un terme à la servitude. Les lois civiles fixe- » ront ce que les affranchis doivent à leur patron, » ou que le contrat d'affranchissement fixe ses de- » voirs pour elles. (*Esprit des lois*, livre XV, chap. XIX.)

Pendant ce temps, la colonisation aura acquis du développement, l'autorité aura aussi sa puissance sur le sol malgache; l'influence de l'homme civilisé saura subjuguer les volontés, les indigènes s'imprégneront facilement de nos mœurs, alors il n'y aura plus d'obstacles sérieux à vaincre.

L'avenir de la colonie est dans les enfants, qui, étant élevés chrétiennement, commenceront à sentir le bienfait de notre législation. A dater du jour où le pavillon national flottera sur cette terre, les enfants qui naîtront des esclaves seront libres, et, s'il est possible, seront placés dans les établissements où ils seront formés au travail et à la civilisation, c'est le moyen le plus sage et le plus juste de faire disparaître l'esclavage à Madagascar, et si l'on joint à cette mesure la faculté aux esclaves de se racheter en payant à leur maître la somme légale pour l'indemniser, lequel sera forcé de reconnaître et de déclarer libre l'esclave qui aura rempli cette condition, de sorte que la justice et l'humanité seront satisfaites, la paix sera le fruit de cet acte de tolérance.

CHAPITRE XVII.

Il est encore un pays capable de législation, c'est l'île de Madagascar. J'ai quelque pressentiment qu'un jour cette île étonnera le monde. J.-J.

Un sage législateur ne commence pas par rédiger de bonnes lois en elles-mêmes, mais il examine auparavant si le peuple auquel il les destine est propre à les supporter. J.-J.

« Le législateur doit avoir égard au caractère
» des habitants ; et c'est sous ce rapport qu'il faut
» assigner à chaque peuple le système d'institution,
» qui soit non le meilleur, non peut-être en lui-
» même, mais pour l'état auquel il est destiné ; le
» sol étant fertile et dépourvu d'habitants, que l'a-
» griculture qui multiplie les hommes soit l'objet
» de sa sollicitude, qu'il ait en vue les rivages éten-
» dus et commodes de l'île, qu'il couvre la mer
» de vaisseaux et cultive le commerce et la navi-
» gation, il assurera à ce pays une existence bril-
» lante.

» Une saine et forte constitution est la première » chose qu'il faut rechercher, et l'on doit plus comp- » ter sur la vigueur qui naît d'un bon gouverne- » ment que sur les ressources que fournit un grand » territoire.

» La première chose que doit faire, après l'éta- » blissement des lois, l'instituteur d'une colonie, » c'est de trouver un fonds suffisant pour l'entretien » des magistrats, officiers et pour toutes les dépen- » ses publiques. Le fonds en terre est de beaucoup » préférable à l'argent ; Bodin regarde le domaine » public comme le plus honnête et le plus sûr de » tous les moyens de pourvoir aux besoins de l'Etat, » et il est à remarquer que le premier soin de Ro- » mulus, dans la division des terres, fut d'en des- » tiner le tiers à cet usage. Ce domaine, mal admi- » nistré, pourrait se réduire à peu de chose, mais il » n'est pas de son essence de l'être mal, et c'est » le seul possible, attendu qu'il est la richesse de « Madagascar » et qu'elle ne fera que croître avec » la prospérité de la colonie. » (J.-J.)

Une législation libérale, c'est-à-dire démocratique, est la seule qui convienne à une colonie fondée au 19e siècle, un gouvernement despotique serait le plus grand obstacle que la Métropole puisse appor- ter à la colonisation de Madagascar, qui doit être une autre patrie pour l'émigrant. « Et comment » pourrait-il y trouver une patrie là où l'on n'y » jouit pas même de la sûreté civile, si les biens, la » vie ou la liberté sont à la discrétion d'un gouver- » neur, sans qu'il soit possible ou permis d'oser ré- » clamer les lois, alors soumis aux devoirs de l'état » civile, sans jouir même des droits de l'état de » nature et sans pouvoir employer la force pour se » défendre, cette condition serait la pire où puissent » se trouver des hommes libres, et le mot de patrie

» ne pourrait avoir pour eux qu'un sens odieux ou
» ridicule. La patrie ne peut subsister sans la *li-*
» *berté*, ni la *liberté* sans la *vertu* et la vertu sans
» les citoyens.

» Le plus pressant intérêt du gouverneur, de
» même que son devoir le plus indispensable est
» de veiller à l'observation des lois dont il est le
» ministre et sur lesquelles est fondé son autorité.
» S'il doit les faire observer aux autres, à plus forte
» raison doit-il les observer lui-même qui jouit de
» tant de faveurs.

» La puissance des lois dépend encore plus de
» leur propre sagesse que de la sévérité des mi-
» nistres, et la volonté publique tire son plus grand
» poids de raison qui l'a dictée.

» En effet, la première loi est de respecter les
» lois, la rigueur des châtiments n'est qu'une vaine
» ressource imaginée par de petits esprits pour
» substituer la terreur à ce respect qu'ils ne peuvent
» obtenir. » J. J.

» Il y a de certaines idées d'uniformité législa-
» tive qui saisissent quelque fois les plus grands
» esprits, mais qui frappent infailliblement les pe-
» tits, cela est-il toujours à propos sans exception ?
» Lorsque les citoyens suivent les lois, qu'importe
» qu'ils suive la même. » MONTESQUIEU (1).

Il serait fâcheux de contraindre les indigènes à embrasser nos mœurs et nos lois en ce qu'elles ont d'opposé aux leurs. Leur conversion au culte chrétien ne doit pas se faire sous la pression de la force matérielle, le temps et les bons exemples auront sur eux plus d'empire que toutes les combinaisons humaines car Dieu est le maître des cœurs il saura les illuminer lorsque le temps sera venu.

(1) *Esprit des lois*, liv. XXIX. chap. XVIII.

» La culture des terres est le plus grand travail
» des hommes. Plus le climat les porte à fuir le
» travail, plus la religion et les lois doivent y
» exciter. Ainsi, les lois des Indes, qui donnent les
» terres aux princes et ôtent aux particuliers l'es-
» prit de propriété, augmentent les mauvais effets
» du climat, c'est-à-dire la paresse naturelle (1). »

Chaque habitant sera concessionnaire et tenu de faire cultiver sa propriété sous peine d'amende au profit de la caisse de secours agricole, le terrain sera la propriété du colon, du jour où il en aura pris possession par le travail soit agricole soit par construction. Nul ne pourra résider plus d'un an dans l'île sans être concessionnaire. Tous les habitants doivent tenir au sol et avoir intérêt à la prospérité agricole de la colonie quelles que soient leurs fonctions ou métiers. Après trois années de culture ils pourront vendre leurs terres, ils seront libres de l'échanger s'ils quittent la localité, le tout conformément aux règlements faits à ce sujet.

En cas de décès les ayant causes seront tenus de prendre les terrains, de les cultiver ou de les faire cultiver, à moins qu'ils ne fassent cession de leurs droits de propriété à la colonie si le terrain est en partie cultivé avec ou sans habitations dessus, ils auront le droit de le vendre ou d'en disposer comme bon leur semblera.

« Pour que la liberté ne soit pas violée la pro-
» priété doit être sacrée ; car c'est elle qui est le
» rempart de la liberté. La liberté défend à son
» tour la propriété ; mais avec la propriété on peut
» refaire la liberté, et avec la liberté seule on ne re-
» fait pas la propriété.

» Si celui qui possède quelque chose ce matin

(1) Liv. XIV, ch. VI.

» peut ce soir ne posséder rien et retomber dans
» la dépendance qui s'attache au prolétaire, alors
» plus de mœurs nationales; car les mœurs ne se
» forment que par la permanence des choses; or, il
» n'y a point de mœurs là où l'habitant de la cam-
» pagne n'est pas sûr de laisser son héritage à son fils;
» alors plus de famille, car il n'est point de famille
» là où le foyer paternel peut être envahi, là où le
» chêne planté par les aïeux peut tomber sous la
» cognée du premier bûcheron. Cette société chan-
» celante n'osant labourer et semer que la moisson
» de l'année, n'osant planter que l'arbre qui dure
» quelques jours, cette société serait encore troublée
» par des haines. La propriété mobilière peut dis-
» paraître sans laisser de souvenirs; il n'en est pas
» ainsi de la propriété immobilière; les pas de
» l'homme sont ineffaçables sur la poussière qu'il
» a foulée, il mêle son nom à la terre comme ses
» cendres.

» Répétons-le mille fois, presque toujours dans
» l'ordre politique les vertus tiennent au sol, et elles
» croulent si le sol tremble sous les pieds du pro-
» priétaire. C'était une forte conception de nos pères
» barbares que d'avoir attribué des qualités à la
» terre, chose que l'antiquité a ignorée et qui n'en
» est pas moins prodigieuse; la noblesse était pour
» eux l'indépendance, et ils avaient fait les terres
» nobles. *Supposez qu'ils eussent entendu la liberté*
» *comme nous la comprenons aujourd'hui, ils au-*
» *raient, en l'attachant au sillon, établi une so-*
» *ciété libre dont le principe ne se fût pas détruit*
» *comme dans les cités ordinaires, parce qu'un*
» *sillon ne devient pas esclave comme un homme,*
» *parce qu'on peut tuer un propriétaire et qu'on*
» *ne tue pas une propriété.* Ces seigneurs républi-
» cains auraient fait et perpétué des citoyens comme

» les seigneurs féodaux ont fait et perpétué, pendant » dix-neuf siècles, des ducs, des marquis et des » comtes. » (Chateaubriand, *Mélanges politiques*.)

Il serait glorieux pour le législateur de la colonie de lui donner tout réformé notre mode de rendre la justice qui est loin de répondre aux besoins de notre société, il y a des siècles que ce besoin se fait sentir. Les classes lettrées qui se sont imprégnées de la philosophie de Voltaire ont négligé de comprendre sa manière de voir au sujet de notre mode judiciaire, et pour plus de force à son jugement, il n'a pas craint de préférer la justice expéditive des Turcs à la nôtre. « A Constanti» nople, dit-il, un procès s'instruit sans le moindre » bruit, avec la plus grande promptitude, point d'a» vocats, encore moins de procureurs et de papiers » timbrés. Chacun plaide sa cause, nul procès ne » peut durer plus de dix-sept jours. Il reste à savoir » si notre chicane, nos plaidoiries si longues, si ré» pétées, si fastidieuses, *si insolentes ;* ces immenses » monceaux de papiers fournis *par ces harpies* de » procureurs, *ces taxes* ruineuses imposées sur » toutes les pièces qu'il faut timbrer et produire, » tant de lois contradictoires, tant de labyrinthes » qui éternisent chez nous les procès ; si, dis-je, cet » effroyable chaos vaut mieux que la jurisprudence » des Turcs (1). La justice, pour être accessible à » tous et surtout aux pauvres, devrait être gratuite» ment rendue par des magistrats indépendants de » toute influence.

» Il serait à souhaiter que les procureurs, les » avocats et les juges fussent payés par l'Etat et ré» partis dans toute la colonie, non pour plaider les

(1) *Commentaires sur l'Esprit des lois*, XXX.

» procès, mais pour les appointer. On pourrait éten-
» dre ces consonnances à toutes les conditions qui
» vivent du malheur public ; alors tous les colons,
» trouvant leur repos et leur fortune dans le bon-
» heur de la colonie, contribueraient de toutes leurs
» forces à sa prospérité. » (Bernardin de Saint-Pierre, *Etude de la Nature.*)

La détention préventive est un attentat à la liberté; l'innocent ne peut être confondu avec le coupable dans les mêmes lieux et aucune indemnité ne peut servir de compensation à la perte de la liberté et de l'honneur. La liberté individuelle est la liberté de tous et la société toute entière est frappée dans l'un de ses membres lorsqu'il est privé de sa liberté avant que d'avoir été juridiquement reconnu coupable.

La peine de mort est contre la saine philosophie chrétienne. « Dieu veut non la mort du pécheur » mais sa conversion. » Il n'y a point de méchant qu'on ne pût rendre bon à quelques choses (1). Les travaux forcés remplaceront la peine capitale ; ces travaux seront l'assainissement des marais et autres lieux insalubres ; le coupable par ce travail utile à la société réparera le mal qu'il lui a fait.

La nature des travaux doit être proportionnée à la gravité des délits. Les condamnés correctionnels seront employés aux travaux des routes et autres dans les ateliers des cités ou de l'Etat. Les simples délits de police, à une amende au profit des pauvres; la condamnation, doit avoir pour but la correction du coupable et la réparation du tort qu'il a fait à la société; la justice en le frappant de peines ne doit pas le vouer à la honte perpétuelle, ni lui fermer la voie du repentir, ni appeler sur les siens l'infâmie ;

(1) J.-J. *Contrat Social.*

c'est punir les innocents pour la faute d'un coupable; donner la mort au criminel c'est désespérer fatalement du progrès humanitaire, la société a le droit d'empêcher qu'un de ses membres lui nuise et pour cela elle le prive de sa liberté et le place sous la surveillance de ses gardiens qui sont les magistrats; mais elle n'a pas le droit de tuer comme un homme le peut faire dans le cas de légitime défense quand il est attaqué, soit sur un grand chemin ou sur un champ de bataille; hors de l'instant de sa défense, la mort qu'il donne, soit au coupable, ou au vaincu est un acte inhumain, et contraire à l'esprit miséricordieux du saint Evangile.

Il est convenable que les colons coupables soient séparés des Indigènes, cette mesure est de bonne politique. Les fonctionnaires subiront leurs peines dans des établissements à part, les ministres des cultes seront détenus dans des maisons spéciales désignées à cet effet.

Les femmes seront toujours séparées d'avec les hommes dans des établissements spéciaux, sous la direction et la surveillance de bonnes religieuses, les coupables seront occupées aux travaux de leur sexe, elles confectionneront le linge pour les malades et autres services dans les établissements coloniaux de bienfaisance.

Les maîtres des indigènes ou leur ayant cause pourront porter plainte contre la paresse et l'inconduite de leurs esclaves ou serviteurs et feront connaître le tort qu'il en est résulté.

De même, les esclaves et les serviteurs indigènes pourront porter plainte contre leurs maîtres ou leurs patrons pour leurs mauvais traitements ou autres choses à leur préjudice. Les esclaves ou serviteurs coupables seront condamnés à travailler pour l'Etat, et les maîtres reconnus coupables paieront une amende au profit de la caisse des établissements de retraite pour les esclaves ou serviteurs vieux, infirmes ou délaissés. Les maîtres seront responsables du préjudice que leurs esclaves ou serviteurs indigènes pourront causer à autrui, ils seront contraints à payer ce dommage sauf à faire une retenue sur le salaire de leurs serviteurs.

Les esclaves adultes pourront, avec le consentement de leurs maîtres, contracter un engagement pour le service de l'Etat, soit comme militaire ou comme travailleur dans ses ateliers, Lorsqu'ils l'auront servi pendant dix ans de suite, ils seront affranchis de droit par l'Etat qui indemnisera le maître de l'esclave.

Les maîtres pourront louer leurs esclaves aux colons pour un laps de temps déterminé qui ne sera pas moindre d'une année dans les villes et de trois ou cinq dans les villages ou habitations, afin d'assurer la continuité du travail aux agriculteurs et producteurs et qu'ils puissent être certains de ne pas manquer de bras pour mener à bien leurs entreprises. Les engagés seront contraints par la force à tenir les conditions de leurs engagements, une retenue se fera sur le salaire à payer au maître de l'esclave afin de lui fournir le moyen de s'affranchir; cette retenue sera versée entre les mains d'un fonctionnaire public créé à cette fin.

Les conditions d'engagements seront les mêmes pour les indigènes libres, excepté qu'il ne leur sera fait aucune retenue sur leur salaire que celle qui aurait été convenue entre les deux partis, comme garantie de l'exécution du contrat.

Les enfants libres ou esclaves pourront être patronés du consentement de leurs parents ou de leurs maîtres, leurs patrons leur serviront de tuteurs, remplaceront civilement leurs parents et leurs maîtres et seront responsables de leurs pupilles envers la société. Les patrons seront obligés de faire donner l'instruction religieuse et élémentaire à leurs pupilles sous peine d'être contraints par des pénalités pécuniaires au profit de ces enfants.

La conscription sera obligatoire pour tous les habitants de la colonie, sans en excepter les esclaves et les étrangers. Les conscrits formeront un corps d'armée pour la défense du pays; une partie sera employée à sa garde, et l'autre à la confection des routes, assainissements et autres travaux, soit dans les ports ou dans les chantiers coloniaux; la durée du service sera de cinq année et plus si les besoins de la colonie l'exigent. Personne ne pourra s'exempter de payer cette dette à la patrie, le remplacement ne sera point admis.

Les charges publiques pèseront sur tous sans distinction; indigènes et colons payeront en proportion de leur fortune, soit foncière, mobilière, rentes et autres valeurs. Les pauvres seront affranchis de tous impôts. « Je crois la corvée moins contraire à la liberté que les taxes (1). » La population rurale sera tenue à la corvée, soit pour les travaux communaux ou coloniaux; personne n'en sera dispensé, et chacun fournira des journées selon sa fortune, les pauvres et les infirmes en seront dispensés; les fonctionnaires publics et les prêtres se feront remplacer.

Les cités auront droit de s'imposer et de faire payer des droits sur certains objets définis par la loi. Les ports de mer percevront un droit d'ancrage qui sera double pour les navires étrangers; ceux construits dans la colonie seront affranchis de la moitié de ces droits.

Les étrangers, c'est-à-dire les habitants qui ne

(1) J. J.

sont pas naturalisés Français, seront soumis aux mêmes charges que les nationaux. Ils ne pourront néanmoins exercer aucune fonction publique, mais ils jouiront de tous les priviléges des lois comme s'ils étaient Français. Il ne sera point exigé de passe-ports pour entrer et circuler dans l'île, la liberté n'admet point cette servitude.

En France, le clergé reçoit une pension de l'Etat à titre d'indemnité des biens qu'il possédait autrefois; cette pension a été fixée par un concordat entre la France et le pape.

La position faite au clergé des campagnes n'est pas soutenable, mieux vaut cent fois laisser liberté entière à la religion, avec la faculté à ses ministres de posséder, à titre de jouissance, les biens qui seront affectés à leur entretien, conformément aux institutions canoniques.

« Il faut considérer que des pensions insuffisantes, précaires, soumises à toutes les détresses du fisc et à tous les événements politiques, ne présentent pas assez d'avantages aux familles pour qu'elles consacrent leurs enfants à l'état ecclésiastique. Les mères ne vouent pas facilement leurs fils au mépris et à la pauvreté; le sacerdoce, chez une nation libre, ne doit pas être tenu dans l'abjection, celui qui console les affligés, partage son denier avec le pauvre, soulage les infirme, exhorte les mourants, donne la sépulture aux morts, prie pour tous et pour la France, doit être dans une condition honorable et indépendante des passions des hommes.

» Un gouvernement libéral doit vouloir à la fois la justice, la liberté, la religion. Les sociétés ne se conservent qu'autant qu'elles établissent dans leur sein la religion, la morale et la justice, principes fondamentaux de toute humaine société; croire qu'on peut former une société sans religion, c'est vouloir planter un arbre sans racines : trois choses font la vie d'un pays, la justice, la liberté et la religion.

» Je ne doute point que le clergé, tenant au sol de la France par la propriété des églises, prenant une part active aux institutions civiles et politiques de la colonie, ne fournît en même temps une classe de citoyens aussi dévoués que nous-mêmes à la liberté nationale.

» Il est incontestable que les talents supérieurs se sont trouvés dans l'Eglise ; elle a fourni nos plus grands ministres, comme elle nous a donné nos plus éloquents orateurs et nos premiers écrivains. Répandus dans le corps social, les prêtres y porteraient une influence salutaire, ils corrigeraient les mœurs, y répandraient les idées d'ordre et de justice ; leur zèle les porterait naturellement à travailler à la civilisation des indigènes, ils introduiraient de toutes parts la religion qui est le ciment des institutions humaines, et la morale qui donne la perpétuité à la politique. Eh! qu'on ne vienne pas objecter que le clergé est antilibéral ; il faudrait prouver que la religion chrétienne est ennemie de la liberté réglée par les lois. L'Evangile a été prêchée à toute la terre, son divin caractère s'applique à toutes les formes de la société. Le christianisme est la raison universelle, il s'est accru avec les lumières, il continuera à verser aux générations futures des vérités intarissables. De tout ce qui a existé dans l'ancienne société, lui seul n'a point péri ; il n'a aucun intérêt à faire revivre le passé (1). »

Le clergé et les différents établissements religieux, utiles à la colonie seront dotés en biens-fonds consistant en terre d'une valeur présumée être un peu au-dessus du nécessaire pour leur entretien ;

[1] Chateaubriand, *Mélanges politiques*

la construction des églises et presbytères sera à la charge de la colonie qui pourvoira à leur mobilier, entretien du culte et réparation, jusqu'à ce que les coreligionnaires puissent s'en charger. Les fabriques ne prélèveront aucun droit, et les ecclésiastiques aucuns casuels sur les fidèles, soit pour les actes du culte, places, chaises, bancs, etc. L'instruction donnée dans les écoles coloniales sera gratuite.

Le prêtre, comme citoyen, a droit aux concessions, c'est cette propriété qui fera le fonds destiné à l'entretien du ministère du culte. Cette concession sera inaliénable et transmise sans frais à la mort ou au changement du ministre du culte qui en a la jouissance et l'administration, conformément aux usages canoniques; à chaque église ou presbytère sera annexée une école pour les deux sexes, et une infirmerie; ces établissements auront leurs biens à part et seront administrés sous la surveillance de leurs ministres respectifs.

CHAPITRE XVIII.

La liberté s'élève mal à l'abri de la dictature. Les soldats ne sont que de brillants fabricants de chaînes, et la liberté n'est pas sûre de conserver son patrimoine sous leur tutelle.

(CHATEAUBRIAND, *Voyage en Amérique.*)

Les libertés publiques sont patientes, elles attendent très-bien la fin des générations, et les nations qui en jouissent n'ont rien d'essentiel à demander, et les gouvernements reposent en paix à l'ombre des lois qu'ils respectent.

Administrateurs et magistrats civils sont les seuls qui conviennent au gouvernement de la colonie; j'ai donné les raisons de cette préférence ainsi que les qualités que doit avoir le gouverneur de Madagascar. Son autorité s'étendra sur tous les établissements français dans la mer des Indes, ayant sous ses ordres les armées de terre et de mer. L'honneur de la France, l'intérêt des colons et de la colonie serviront de base à sa politique extérieure et intérieure.

Il sera aidé dans ses fonctions par un ministre des affaires publiques. Ce vice-consul ou vice-gouverneur transmettera les ordres du gouverneurgénéral à tous les agents de la force armée et à tous les magistrats et fonctionnaires de la colonie. Différentes sections seront créées et placées sous son autorité afin de simplifier la marche administrative et judiciaire.

Un conseil composé d'un certain nombre de notables des provinces de la colonie seront élus par les colons, pour être les conseillers du gouverneur. leur mission durera cinq ans, après ce laps de temps, de nouveaux élus remplaceront leurs devanciers; les anciens conseillers peuvent être réélus.

Une assemblée législative sera composée des députés de chaque canton ; ces députés répartiront les charges publiques et statueront sur l'organisation législative de la colonie et auront le droit de demander à la métropole ce qui sera nécessaire pour les besoins de la colonie et les changements que nécessite le bien public ; les décisions de cette chambre seront exécutées par le gouverneur.

La chambre nommera dans son sein une commission dite coloniale, laquelle sera spécialement destinée à s'occuper des concessions de terres, des plants, des villes, routes, etc., ainsi qu'il a été dit plus haut. Deux années seront le terme de la durée de ces fonctions, à moins qu'il ne soit utile d'en prolonger la durée.

La mission des députés sera de trois ans ; pendant ce laps de temps, ils jouiront de tous les priviléges attachés à ces nobles fonctions. La législation « n'hésitera pas à proclamer hautement la liberté d'écrire et de publier ses pensées par la voie de l'impression ; et la liberté illimitée de penser et d'écrire doit être un axiome du droit public, un article fondamental de toutes les constitutions, principe enfin de l'ordre social (1). »

(1) Vicomte de Bonald. Séance des députés du 28 janvier 1817.

Le système municipal sera appliqué dans tous les centres de populations, et cela, dans le sens le plus étendu. Les maires, adjoints et conseillers seront élus par les habitants de la commune, quelle que soit l'importance de la cité; la police sera dans ses attributions; ses agents seront nommés par les magistrats municipaux et placés sous l'autorité municipale, afin d'éviter une trop grande centralisation.

Chaque province sera érigée en préfecture et divisée en sous-préfectures, cantons et communes; les tribunaux suivront le même ordre, les juges de paix seront dans les cantons. Chaque province enverra un ou plusieurs membres pour former le conseil du gouverneur. Chaque canton élira un député à l'assemblée législative.

La magistrature sera indépendante ; le jury sera l'élément judiciaire, même pour les tribunaux de simple police, afin que les colons soient jugés par leurs pairs. Aucun appel ne pourra être interjeté aux tribunaux de la métropole.

Des chambres de commerce et de prud'hommes seront établies partout où il sera besoin, ainsi que des banques de crédits agricoles, de cheptel et autres, éléments de fortune et de prospérité coloniales. Une administration forestière et fluviale est indispensable pour l'intérêt général, ses bienfaits se feront sentir dans l'avenir ; pour cela elle doit être établie avec l'occupation française.

L'administration coloniale se complétera par la création de deux préfectures maritimes : une à Diégo-Suarez, ayant Tintingue et Fort-Dauphin pour sous-préfecture, la seconde à Bavatoubé; ses sous-préfectures seront Touliarbé et Bombetok.

Une administration postale sera organisée sur une large base afin de répondre aux besoins de la colonie. La télégraphie électrique formera une administration à part et toutes les deux seront données à des compagnies particulières, conformément aux lois qui les régissent.

« La liberté est un besoin pour l'état actuel de la société. Les sociétés sont soumises à une marche graduelle ; cette vérité peut irriter, mais elle n'en est pas moins incontestable.

» Les peuples, par les progrès de la civilisation, ont maintenant un lien commun, et influent les uns sur les autres. Il y a deux mouvements dans les sociétés : le mouvement particulier d'une société particulière, et le mouvement général des sociétés générales, lequel mouvement commun entraîne chaque société séparée. Ainsi le monde moral reproduit une des lois physiques : l'homme ne se peut plaindre de retrouver quelque chose de ses destinées dans ce bel ordre de l'univers, arrangé par la main de Dieu. »

C'est dans ce sentiment que j'ose me dire, de Votre Majesté,

Le très-humble Serviteur,

F.-H. Bonnavoy de Prémot.

Ex-membre de la mission de Madagascar.

Paris, 1er mai 1856.

PIÈCES JUSTIFICATIVES.

Preuve de la bonne foi anglaise dans leur dispute avec les Hollandais dans l'Inde.

Le président et le conseil de Calcuta, dans le 62e paragraphe de leurs lettres générales aux directeurs de la compagnie, en date du 14 septembre 1767, s'expriment ainsi : « Si l'on accordait le partage des manufacturiers que demandent les Hollandais, ce serait lever le masque et nous reconnaître souverains du pays, nous contredirions de la manière la plus expresse toutes les protestations que nous faisons, les apparences que nous gardons, et les efforts que nous employons chaque jour pour faire semblant d'agir seulement au nom et par l'autorité du Nabab. En un mot, il y a une si grande disproportion dans le nombre des ouvriers nécessaires pour former leur cargaison et la nôtre, que nous ne pouvons pas consentir à ce partage sans dévoiler tout ce que la politique de la compagnie doit tenir caché. » (*Etat civil, politique et commerçant du Bengale*, par DEMEURIER, t. I, pag. 158.)

Cette politique est la même qu'ils ont suivie à notre égard ; le fait suivant vient à l'appui de ce que j'ai dit des vues de l'Angleterre sur Madagascar. « Vers la fin de juin 1831, les élèves du transport le *Madagascar*, au nombre desquels se trouvait M. Maisonneuve, en quittant le bord où ils venaient d'avoir une conférence avec le commandant Picard, au sujet de l'évacuation de Tintingue, furent chez le commandant ova. Pendant qu'ils se rafraîchissaient survinrent les officiers ovas ; la conversation devint générale, les élèves firent quelques questions sur le peuple ova, les moyens que Ra-Dama avait employés pour constituer sa pleuplade en royaume ; ils donnèrent à sentir peut-être avec trop de légèreté que les Ovas devaient cette influence aux Européens, et qu'ils étaient encore sous la domination anglaise. Piqué de cette observation, Ranilaina et ses collègues répliquèrent : — Ce vasselage n'était pas étonnant, *quand nous étions nous-mêmes sous la domination de la Grande-Bretagne.* Car, dirent-ils, nous savons très-bien qu'avec *votre apparence de force,* par vos vaisseaux, vos soldats et vos armes, vous n'êtes pas moins tributaires de tout cela à l'Angleterre ; si ce n'est pas elle qui vous les fournit, du moins elle vous souffre pour vous les reprendre plus tard. Il en est de toutes choses comme des différents pays que vous possédiez et qu'ils vous ont pris, tels que le cap de Bonne-Espérance, l'île de France, l'Inde, etc. Ce qui le prouve, c'est qu'à la paix ils ont bien voulu vous rendre Bourbon et quelques petits endroits sur la côte de Malabar et sur le Gange, en conservant les principaux. Ainsi ne nous reprochez pas d'être sous leur domination. En outre, ce qui prouve encore leur supériorité sur vous, c'est que partout ils ont des *agents riches et bien influents* par les services qu'ils rendent, tandis que les vôtres sont misérables comparativement. (Akerman, *Révolution à Madagascar,* page 214.)

L'aspect des ruines de Fort-Dauphin attriste l'âme et afflige un cœur français au souvenir de l'outrage qu'y reçut le pavillon national, par la profanation qu'en firent les Ovas dont se servirent les Anglais. La puissance déchue de ma patrie n'est attestée que par des ruines, et sa grandeur par des débris sous des broussailles, preuves éclatantes de notre fugitive prospérité qui n'a eu de terme que parce qu'elle est venue heurter la convoitise anglaise. Tandis que le pouvoir de l'Angleterre se manifeste par des établissements superbes, des ports où règnent l'activité, l'opulence, des édifices qui rivalisent avec les plus beaux monuments des arts, la France se fait représenter dans un vaste pays dont la population est de 4,000,000, par une garnison de cinq hommes et par un caporal tels sont les défenseurs de l'honneur du drapeau de la France, qui est pourtant le même que celui qui a été planté sur toutes les capitales du monde et défendu par des armées ; et pourtant ce même drapeau a été foulé aux pieds des Ovas, instrument de notre rival. Partout, hélas ! la France courbe son visage vers la terre, la foudre tombe sur sa tête aussitôt que son front se relève pour reprendre une noble attitude. L'Angleterre a élu domicile sur tous les points du monde et partout elle règne avec un orgueil paisible. (*Annales des Voyages*, tom. XVI, page 265. Antony, de Fond Michel, voyage à Madagascar.)

NOTE A.

Pour apprécier à sa juste valeur le zèle qu'a mis la Grande-Bretagne à l'abolition de la traite des nègres et les traités qu'elle a contractés avec les autres nations du monde à ce sujet, il est essentiel de connaître les efforts de sa diplomatie et le jugement qu'en a porté Châteaubriand, ministre de la France, au congrès de Vérone :

« Nous reçûmes, le 24 novembre 1822, un mémoire du duc de Wellington, relatif à l'abolition de la traite des nègres. Toutes les puissances répondirent que la traite des nègres était abominable, qu'elles étaient prêtes à concourir aux mesures jugées exécutables, pour assurer l'abolition de ce commerce ; quant aux mesures particulières proposées à cette fin par S. G., la France se réservait d'en faire l'objet de ses réflexions.

» On doit admirer ici l'esprit chrétien, ses progrès dans la civilisation qu'il fait et qu'il augmente sans cesse ; mais c'était une chose singulière que cette persévérance du cabinet de Saint-James à introduire dans les congrès, au milieu des questions les plus vives et des intérêts les plus actuels, cette question incidente et éloignée de l'abolition de la *traite des noirs*. L'Angleterre avait peur que le commerce auquel elle avait renoncé à regret ne tombât entre les mains d'une autre nation ; elle voulait forcer la France, l'Espagne, le Portugal, la Hollande à changer subitement le régime de leurs colonies, sans s'embarrasser si ces États étaient *arrivés au degré de préparation morale*, où l'on pouvait donner la liberté aux nègres en abandonnant à la grâce de Dieu la propriété et la vie des blancs. Ce que l'Angleterre avait fait, tout le monde devait le faire au détriment de la navigation et de toutes les colonies. Il fallait, parce que l'Angleterre qui possède l'Inde, l'Océanie, le cap de Bonne-Espérance, l'Ile de France, le Canada et les îles de la Méditerranée, n'a pas besoin de la Dominique et des Bermudes pour entretenir des flottes et des matelots, il fallait que nous eussions jeté vite dans la mer Pondichéri, l'île Bourbon, Cayenne, la Martinique et la Guadeloupe, nous qui n'occupions que ces misérables points disjoints de notre sol, sur la surface du globe. Le marquis de *Londonderry et le duc de Wellington, ennemis des franchises* de leur pays, M. Cannig, élève de William Pitt et opposé à la réforme parlementaire, tous ces torys adverses pendant trente ans à la motion de Wilber-Force étaient devenus passionnés pour la liberté des nègres, tout en maudissant la liberté des blancs, des Anglais, des blancs ont été vendus pour esclaves en Amérique, dans un temps aussi rapproché de nous que le temps de Cromwell. Le secret de ces contradictions est dans les intérêts privés et le génie mercantile de l'Angleterre. C'est ce qu'il faut comprendre afin de n'être pas dupe d'une philanthropie si ardente et pourtant venue si tard.

» Chargé du travail, par M. de Montmorency, nous lûmes avec attention le mémoire du duc de Wellington, et nous y répondîmes article par article.

» Ce mémoire cauteleux, déplorant le malheur des noirs, cache sous des plaintes fort justes trois prétentions exorbitantes, prétention du *droit de visite sur les vaisseaux*, prétention d'assimiler la traite des noirs à la piraterie *pour attaquer impunément toutes les marines du monde, prétention d'interdire la vente des marchandises provenant des colonies européennes cultivées par les nègres, c'est-à-dire privilège exclusif de substituer à ces marchandises les produits de l'Inde et de la Grande-Bretagne*. Voici notre réponse faite au nom collectif de nos collègues; nous pensons avoir mis à l'abri l'honneur et les intérêts de la France.

» Le mémoire, dont Sa Grâce le duc de Wellington a donné connaissance au congrès dans la séance du 24 de ce mois, a été pris en considération par les ministres de Sa Majesté très-chrétienne.

» Ils commencent par déclarer que le gouvernement français partage toute la sollicitude du gouvernement britannique pour faire cesser un commerce également réprouvé de Dieu et des hommes, etc.

» Mais si les puissances alliées sont d'accord sur la question morale et religieuse, si elles font des vœux unanimes pour l'abolition de la traite des nègres, etc.

» Le mémoire reconnaît que Sa Majesté très-chrétienne a rempli religieusement les stipulations de son traité avec les quatre cours alliées, qu'elle a promulgué une loi contre la traite des nègres, qu'elle a fait croiser ses flottes dans les parages de l'Afrique pour maintenir l'exécution de cette loi; mais le mémoire ajoute que le public en France ne paraît pas porter le même intérêt à la cause que soutient le gouvernement, que ce public suppose au fond de la question des vues mercantiles et un dessein hostile contre le commerce français. Il se peut que quelques classes commerçantes de la société en France nourrissent des soupçons que toute rivalité d'industrie fait naître raisonnablement, *que le peu de colonies que la guerre a laissées à la France* soit un objet de jalousie pour une puissance européenne qui possède des îles florissantes dans toutes les mers, de vastes territoires en Afrique et en Amérique et un continent tout entier en Asie.

» Si l'opinion est moins fixée en France qu'en Angleterre sur l'objet qui nous occupe, cela tient à des causes qu'il est de notre devoir de développer; un peuple aussi humain, aussi généreux, aussi désintéressé que le peuple français, un peuple toujours prêt à donner l'exemple des sacrifices, mérite qu'on explique ce qui semblerait une anomalie inexplicable dans son caractère.

» Le massacre de Saint-Domingue et l'incendie de leurs habitations ont d'abord laissé des souvenirs douloureux parmi les familles qui ont perdu parents et fortunes dans ces sanglantes révolutions; il doit être permis de rappeler ces malheurs des blancs, quand le mémoire anglais retrace avec tant de vérité les souffrances des nègres, afin de faire comprendre comment tout ce qui excite la pitié exerce une puissance naturelle sur l'opinion. Il est évident que l'abolition de la traite des nègres eût été moins populaire en Angleterre, si elle eût été précédée de la ruine et du meurtre des Anglais dans les Antilles.

» Ensuite l'abolition de cette traite n'a point été prononcée en France par une loi nationale discutée à la tribune ; elle est le résultat de l'article d'un traité par lequel la France *a expié ses victoires.*.

» Dès lors elle s'est associée dans les idées de la foule à des considérations étrangères : par cela seul qu'on l'a crue imposée, elle a été frappée de cette impopularité qui s'attache aux actes de la force ; il en fut arrivé ainsi dans tout pays où existe un esprit public et un juste orgueil national. »

La conscience publique en Angleterre se manifeste enfin aujourd'hui, le coup que la guerre d'Orient vient de lui porter au cœur lui fait avouer qu'elle recueille le fruit de sa politique envahissante des mers; le czar ne faisait que suivre les errements de cette politique sur les continents ; les deux gouvernements se sont posés et se posent encore comme les conservateurs de la société ébranlée. En faisant la guerre à la Russie, le peuple anglais proclame ses torts, si ses diplomates trompent le monde au profit de leurs gouvernements, les gouvernés proclament bien haut la nécessité de suivre une voie plus juste à l'égard des autres nations ; car les maux dont elle souffre aujourd'hui sont une conséquence rigoureuse du passé, et le *Times*, cité par la *Presse* du 23 mars 1853, fait l'aveu suivant : « Ce qui doit principalement peser sur nous quand nous songeons à la guerre actuelle, ce qui dans ce jour doit être avant tout pour nous un sujet d'humiliation et de méditation pieuse, c'est que l'Angleterre ne saurait, avec honneur et en toute conscience, prétendre qu'elle *est restee dans la voie des conquêtes et des agrandissements, bien au-dessous de son antagoniste* !!! Quand ils veulent à leur tour reculer leurs frontières et absorber peu à peu les Etats faibles ou à demi barbares qui les environnent, nos rivaux ne font que suivre l'exemple que nous leur avons donné par notre système de colonies qui s'étendent et se développent sans cesse. Nous ne pouvons nous dissimuler *que nos prétentions à la domination sur toutes les mers, et la politique qui nous porte à nous mêler des affaires des petits États* quand nous les trouvons mal gouvernés, ne soient de nature à provoquer chez les autres une émulation coupable. Oui, si nous descendons dans le secret de nos cœurs et si nous avons le courage de faire notre examen de conscience, avec cette liberté de parole et cette franchise qui nous sont habituelles, *quand nous parlons de la moralite de nos voisins*, nous n'hésitons pas à le dire :

l'Angleterre peut ne se défendre entièrement d'avoir été conduite à la guerre actuelle par certains intérêts, certains rêves de puissance à acquérir (*dreams of acquisition*) qui se sont heurtés tout à coup contre les projets de même nature que nous reprochons à notre ennemi. »

NOTE E.

On ne peut contester que l'intervention des armées persanes en Asie ne soit fâcheuse pour la Porte. Si ces considérations inspiraient quelques inquiétudes, nous pouvons nous rassurer en songeant qu'il n'est point de puissance plus dépendante de l'Angleterre que la Perse. On a vu, en 1809 et en 1838, qu'une expédition dans le golfe Persique nous rendait maîtres du gouvernement et des ressources du pays.

Nos stéamers de Bombay pourraient débarquer à peu de frais pour nous, soit à Bushire, soit à l'île de Karack, une armée suffisante pour ramener promptement le Shah *à l'obéissance* et pour lui faire ce qu'il fait en ce moment à autrui. On en a fait l'expérience à l'époque des troubles de l'Affghanistan, et la présence d'une division anglaise à Karack a suffi pour empêcher le Shah de pousser l'expédition contre Herat, à l'extrémité opposée de son empire. Comme ressource subsidiaire nous avons les Affghans qu'il serait facile de déterminer à faire la guerre à la Perse.

(*Times*, 16 octobre 1853.)

NOTE F.

Voyage du naturaliste Hilsenberg, compagnon de voyage d'Owen.
15 *juillet* 1824.

Entre autres erreurs sur cette île unique et parfaite; entre autres idées ridicules qui la concernent, on la regarde comme étant insalubre et le tombeau des Européens, ce qui vient uniquement de la maladresse de ceux qui ont fondé des établissements à Madagascar et qui, au lieu de choisir des cantons élevés, d'abattre les forêts et de se procurer ainsi des emplacements ouverts et susceptibles de culture, se sont fixés dans des terres basses, parmi des marécages qui leur offraient, pour unique avantage, la proximité d'un port sûr.

Par conséquent, toutes les tentatives d'établissements faits à Sainte-Marie, au Fort-Dauphin, ont dû échouer. C'est sur leur résultat que l'on affirme ces erreurs. Qui est-ce qui oserait soutenir que les terres des bouches du Danube, le long de la mer Noire, étant extrêmement malsaines, et la plupart des colons qui ont voulu s'y établir ayant été enlevés par des fièvres pernicieuses, tous les autres pays que le Danube arrose et traverse depuis sa source, sont mortels et inhabitables et ont été le tombeau des Romains, des Marcomans, des Goths, des Huns et de Vandales.

La fausseté et l'absurdité de cette assertion sont évidentes, puisque Java, Bornéo et Sumatra, qui ressemblent tant à Madagascar par leur nature, ont depuis longtemps des colonies qui ont parfaitement réussi. On pourrait présenter pour objection l'insalubrité de Batavia comme port de mer; mais le Mexique, le Pérou, le Brésil où les rivières sont bien plus considérables que dans toutes ces îles où la végétation est aussi riche, fourniraient la preuve incontestable que l'accusation est téméraire, trop précipitée; du moins, nous ne nous sommes jamais mieux portés qu'à Madagascar, depuis huit mois que nous y sommes, nous y avons fait un grand nombre de courses, d'excursions. Après avoir attendu la saison des pluies, nous l'avons supportée sans inconvénient.

NOTE G.

Végétation de Madagascar.

Dans les lieux élevés, la végétation est d'une beauté ravissante; quand je parviens à une hauteur un peu considérable, je crois (dit Hilsenberg, naturaliste) me trouver dans les montagnes de Salzbourg et du Tyrol, car j'y ai rencontré et recueilli une quantité de plantes dont je pensais que les genres n'étaient indigènes qu'en Europe; cependant, les espèces sont absolument différentes; j'en citerai de particulières : des genres galium, véronica, poa, festuca, saxifraga, campanula, alchemilla, cerastium, ranunculus, laminum, draba, trifolium et plusieurs autres.

Dans les cantons bas, lorsque la végétation des tropiques commence à disparaître, on est assez surpris de voir le caractère distinctif de celle du Cap. On sait que la cîme du Pouce, près de port Louis, a trois espèces de gnophalium. Ici, dans le voisinage de Tanavarivou, j'ai découvert et décrit, entre autres plantes, vingt nouvelles espèces de ce genre si riche dans les environs du Cap. Quand même quelques-unes se trouveraient dans ce dernier pays, ce qui, d'après l'exemple des trois de l'île Maurice qui ne se rencontrent pas ailleurs, me semble extrêmement douteux, puisque je ne les ai pas aperçues à Madagascar qui est si proche de cette île, il n'en est pas moins vrai que Madagascar est une des plus belles du monde, sous le rapport de la botanique, parce que, indépendamment d'une fleur très-remarquable en plantes des tropiques, elle possède celles du Cap et réunit celles de l'Europe. (*Annales des Voyages*, 15 juillet 1824, exploration de l'île, par Owen.)

NOTE D.

La province d'Anossi s'étend le long de la côte sud-est, depuis la rivière de Manambatou par 24° 34', latitude sud, jusqu'à celle de Mandreci, qui se jette à la mer vers 25° 30', la longueur moyenne de ce petit pays est de six à sept lieues, sa superficie de 160 lieues carrées. Il est borné au nord par la vallée d'Amboul, au nord-ouest et à l'ouest par les montagnes des Antandroni, pays aride et sans eau ; au sud-ouest, par la rivière Mandreci, au sud et au sud-est, par la mer ; les montagnes s'élèvent à une lieu du rivage. Sainte-Luce, située au nord de la province par 24° 41' de latitude sud, paraît plus sûr et garanti des vents de sud-est, toujours orageux dans ces parages.

Fort-Dauphin 25° 1' 11" latitude sud, et 44° 47' longitude est, méridien de Paris, montagne au nord de la baie à la pointe d'Itapère ; ces chaînes de montagnes sont généralement granitiques; le piton Saint-Louis est situé au fond de la baie du Fort-Dauphin, ce piton a 250 toises au-dessus de la mer; les eaux sur la plage forment des lacs le long de la côte depuis le lac Loucar jusqu'à Ranon-Foutsi, dont l'enceinte ronde renferme deux îles : le lac Langourangou, qui s'écoule à la mer près d'Ivatra au fond de la baie du Fort-Dauphin et communique avec l'étang Lipoumani ; le lac Makianak, dont les eaux toujours douces n'ont aucun débouché apparent et servent de boisson aux habitants du Fort-Dauphin, l'étang Kivouri, formé par les ruisseaux qui descendent du Piton Saint-Louis. Le lac Fanzaire, remarquable par sa largeur et son étendue, situé à l'embouchure de la rivière du même nom, séparé de la mer par une langue de sable, les étangs Au-Ongui situés près de Ranou-Foutsi ; la presqu'île de Fort-Dauphin est élevée de 100 pieds au-dessus de la mer, le thermomètre Réaumur 22°, le minimum 13° 90'. En septembre, au Fort, le thermomètre est un degré plus bas qu'à Bourbon, les observations faites en même temps ; il y tombe de la grêle.

La baie de Toulia ou Fiaranga, à 7 lieues nord de Saint-Augustin, est saine. Il y a fort peu de fièvres. En juin et juillet le thermomètre marque la moyenne, le matin 9, à midi 15, août et septembre la moyenne est le matin 12, midi 18. En octobre, le matin 15 et à midi 20 ; la température est magnifique, le ciel est toujours pur ;— rosée abondante, il y pleut rarement pendant la saison sèche ; il y a une plaine de trois lieues qui est inondée comme la basse Egypte et aussi fertile. Le port est sûr et à l'abri.

L'opinion de Sonnorat, commissaire de la marine et pensionnaire du roi, de l'Académie royale des sciences, naturaliste, etc., mérite d'être citée : Je termine mon historique de Madagascar en observant qu'il serait très-avantageux pour le commerce de France que ce pays fût plus connu, plus fréquenté, parce que, produisant le sucre et presque toutes les denrées qui se cultivent dans les Indes occidentales, et étant peuplé d'habitations encore sauvages, il paraît propre à former des colonies d'un nouveau genre qui, si elles étaient établies avec prudence et sous des lois combinées sagement, pourraient procurer des avantages très-grands et n'avoir pas les inconvénients des colonies fondées jusqu'à présent.

M. Auguste Billiard, dans une lettre écrite à M. le comte de Montalivet, pair de France, ministre de l'intérieur (Voyage aux colonies Orientales), considère Madagascar comme très-propre à fonder de nouvelles colonies ; la supériorité du Malgache sur le Cafre, comme sur toute la race nègre, est incontestable ; la description physique qu'il fait de cette île lui fait dire que Madagascar est peut-être le pays de la terre le plus séduisant pour les tentatives des Européens qui voudraient y porter de préférence les lumières de la civilisation, attendu qu'ils y trouveraient moins d'obstacles pour se communiquer, et que l'intelligence des Malgaches se rapproche de la nôtre. Si l'on n'y a pas réussi, cela ne veut pas dire qu'il soit impossible de réussir.

Si quelqu'un était tenté de comparer la Nouvelle-Calédonie à Madagascar, le rapport suivant suffirait pour anéantir toute objection.

« La Nouvelle-Calédonie a 60,000 âmes, l'île a 10 lieues de long; sa largeur moyenne est de 20, et son contour de 150 lieues à peu près; pas de rivières navigables, un grand nombre tarissent l'été, le sommet des montagnes est stérile : en somme, le sol est aride et très-minéralogique; le climat est brûlant par 20° sud jusqu'au 23° du même hémisphère. Les indigènes sont fort paresseux et polygames. Les Calédoniens ne sont pas un peuple maritime, leurs pirogues sont des arbres grossiers; leurs voiles sont de paille grossièrement faites; ils sont loin de ressembler, sous ce rapport, aux Malgaches de Sainte-Marie; les ports Ballade et Saint-Vincent sont dépourvus d'eau potable et de rivières navigables : c'est ce qui manque au chef-lieu de notre possession. Il a fallu creuser des puits pour s'en procurer; cette île est entourée de coraux, ce qui rend la navigation périlleuse sans un bon pilote. »

(*Colonisation de la Nouvelle-Calédonie*, pag. 319. Rapport du capitaine de vaisseau Tardy de Motravel; Sidney, le 19 septembre 1854, Nouvelles annales des voyages. 1855, mars.)

Index des ouvrages qui traitent de Madagascar.

ANNALES MARITIMES.

Découverte de l'île de Madagascar, par Tristan da Cunha, en 1506, tome IV, an 1816, page 505, et soumise par les Portugais, en 1506, tome X, an 1819, préface, page xxx.

Relation de la guerre qui a eu lieu en 1820 entre Ra-Dama et Ramitra, roi des Sakalaves du Ménabé, tome XVII, an 1822, page 184, volume 2; mort et funérailles de Ra-Dama, t. XXXVIII, an 1829, volume 1, page 591.

Relevé des dépenses supportées par le gouvernement de Maurice, relativement à Madagascar, tome XXXVI, an 1829, volume 2, page 513.

Expédition dirigée, en 1819, par le capitaine Gourbeyre à Madagascar, pour la prise de possession des établissements français dans cette île, tome XLII, an 1830, volume 1, page 242; attaque et prise de Tamatave, combat de la Pointe-à-Larrei, pages 244 et 249.

Collection d'histoire naturelle recueillie à Madagascar, tome XLIX, an 1832, volume 2, page 609; rapport fait sur cette collection par Valencienne, page 719, quelques notes du capitaine Garnot sur Madagascar, voyage de six jeunes ambassadeurs malgaches en Europe, tome LXIII, an 1837, volume 1, page 169.

Projet d'établissement qui serait fondé à Madagascar pour y réunir les condamnés de France, tome LXIV, an 1837, volume 2, page 38; droit de la France sur Madagascar, même volume.

Carte hydrographique des îles situées au nord de Madagascar et de l'île de France, tome X, page 626, de 1819.

Nouvelle carte à grand point de l'île de Madagascar et des îles adjacentes par Lislet-Geoffroy, officier du génie, tome XXIII, de 1824, volume 2, page 632.

Baie de Saint-Augustin à Madagascar, observation de M. Auguste Bouet, tome LV, an 1834, volume 2, page 240.

Notice sur Madagascar, voyage de la *Favorite*, tome LX, an 1836, volume 1, page 20.

Dangers, bancs de roches découverts à 80 lieues du cap Sainte-Marie au sud-ouest, par 28° 20' latitude, et 39° 33' longitude, tome VIII, an 1818, page 111.

Instruction nautique sur les dangers dans le nord et le nord-est de Madagascar, par Horsburgh, tome XXIII, an 1824, volume 2, page 317. Banc Adelaide, nord-est de Madagascar par 54° 40' ouest et 6° 50' sud, page 339; dangers signalés par la *Zélée*, voyage à Madagascar, tome XLVI, an 1831, volume 2, pages 77, 94, 97 et suivantes; banc, latitude 12° 28' sud, longitude 44° 15' est, exploré par les officiers de la *Zélée*, recherche du banc de Saint-Lazare, page 101, échouement de la *Zélée* près les Querimbos, page 102.

Géographie et commerce de la partie ouest, notice du capitaine Guillain, tome XCII, an 1845, volume 3, page 149. Histoire politique du peuple sakalave, des rois qui se sont succédé, leurs guerres, page 576, Nossi-Bé, tome XCIII, an 1845, volume 4, page 226, description des divers lieux, production, navigation sur les fleuves, baies diverses, rivières, page 481. Chef du Ménabé, description de Nossi-Bé, 1843, octobre, quelques mots sur la partie nord de Saint-Augustin, mœurs et climat, rapport de M. Baudais, capitaine. Etablissements formés à Madagascar, tome LXVI. an 1838, volume 1, page 690.

Notice statistique sur les possessions françaises à Madagascar, tome 73, an 1840, volume 2, page 1042. Introduction historique, *ibid.* topographique, page 1052, population, page 1060, végétation et autres exploitations agricoles, page 1066. Commerce, page 1068.

Observation nautique extraite de la relation d'un voyage fait à Madagascar, par Frapas, enseigne de vaisseau, tome XII, an 1820, page 229, notices sur les vents et courants, et atterrages de la côte sud-est de l'île de Madagascar, par le même, p. 692 ; observation et expédition de la *Cléopâtre*, tome 22, an 1824, volume 1, page 105. Instruction nautique sur le canal de Mozambique et les dangers dans le nord-nord-est de Madagascar, traduit de Horsburgh, par Monay, lieutenant de vaisseau, tome XXIII, an 1824, volume 2, page 317.

Remarque sur l'archipel nord-est de Madagascar, par Duperrey, capitaine de frégate, tome XXXV, an 1828, volume 1, page 706. Perte de la *Chevrette* à Madagascar, tome XXXV, an 1828, volume 2, page 328. Expédition de la *Zélée* et du *Colibri*, tome XLVI, an 1831, volume 2, page 92.

Ile de sable, signalée page 83 et suivantes, îles, courants près le cap Saint-Sébastien, page 107, fièvres, 108 ; direction du vent pendant l'hivernage de la Corvette, tome 98, an 1846, volume 4, page 516.

Limite étendue de cette province, le roi Bebu ; population, produits, commerce.

Note de M. Dalmont, préfet de la mission de Madagascar, page 512.

Mémoire sur la province d'Anossi, par M. Alabrand (Fort-Dauphin), anse, montagne, eaux, végétation, animaux, etc., tome 102, an 1847, volume 3, page 490.

Grammaire madécasse, tome 32, an 1827, page 90. cession de la reine Sakalave, Tsimekou, de ses droits à la France, tome XCII, an 1845, page 606.

Loi du 4 juin 1846 sur le patronage, règlement des esclaves, fin de 1846 et des premiers mois de 1847, création de colonies agricoles.

Ordonnance de décembre 1846, du 26 août 1847, sur l'administration de la justice de Mayotte et dépendances, page 950.

Pouvoir des commandants particuliers, article 16, page 954.

Ordonnance sur les produits de Madagascar, année 1847, page 1549.

De l'occupation de Madagascar, par M. le Courrier, de Nantes, tome 1, an 1849, page 247.

Nouvelles annales maritimes, 1852, tome VII, page 242, appréciation sur Madagascar et sur les îles environnantes, par B.-C. Callas (de la Gironde), ancien représentant du peuple.

Le *Madagascar*, transport, expédition de Madagascar, tome 4, an 1830, volume 1, page 207.

Grammaire madécasse, par feu M. Chapelier, naturaliste du gouvernement à Madagascar, publiée par R. P. Lesson (notice), tome 32, an 1827, vol. 1, page 90, exercices, page 113.

Collection d'histoire naturelle faite à Madagascar, par le capitaine Sganzin, tome XLIX, an 1832, vol. 2, page 609, rapport fait à ce sujet par M. Valencienne, page 719.

Supputation des services des officiers marins et employés à l'expédition de Madagascar, tome LXXVIII, an 1845, page 938.

Rapport au roi sur les récompenses à accorder aux officiers et sous-officiers qui se sont distingués à Tamatave, tome LXXXIX, an 1845, page 967. Secours à la veuve d'un enseigne tué à Tamatave, tome XCXIX, an 1847, page 11.

Rantaunay et Lastel, établissement fondé à Madagascar, côte orientale, tome LXXXVIII, an 1844, page 48.

Rapport de M. Romain-Desfossé, sur le combat de Tamatave, livré le 11 juin 1845, tome XCIII, an 1846. vol. 4, page 48.

Salubrité relative de la côte orientale de Madagascar, marais et forêts, scorbut, établissement Rantaunay et Lastel ; produits minéraux et végétaux, peuplades, côtes, armée ova, corvée et exaction du gouvernement et chefs ovas; commerce des Français et des Anglais, droit d'entrée et de sortie, tome LXXXVIII, an 1844, vol. 4, page 48.

Situation géographique de Madagascar, étendue, caps, côtes, baies, montagnes, rivières, marées, lacs, cultures, climat général, caractère général des Malgaches, diverses nations et peuplades, établissements européens, postes ovas, modzangale, notes fournies par M. Bonna Christiave, lieutenant de vaisseau, qui ont servi au voyage à la côte ouest, du capitaine Guillain.

Nouvelles annales maritimes, appréciation sur Madagascar comme colonie et lieu de déportation; insuffisance des îles occupées par la France, espérance de vue à cet égard, juste appréciation de Mayotte, Sainte-Marie et Nossi-Bé, par B.-G. Calas, de la Gironde, ancien représentant du peuple, tome VII, page 242, an 1852.

Nouvelles annales de la marine, janvier 1836. Nossi-Bé, état présent, page 65.

Revue coloniale, 12 volumes in-8°.

Considérations sur l'avenir de Nossi-Bé, tome 1er, pag. 269, — Mourondzanga, baie de Cangebi, page 274. — Mondzangai, page 271. — Baie de Balie, page 275. — Milandra, page 270. — Province de Menabé, page 277. — Province de Frenaïe, page 278. — Salubrité de la côte orientale de Madagascar, tome 3, page 359. — Établissements Rantaunay et Lastel, produits de l'île, jusqu'à la page 357. — Notes sur Madagascar, par le lieutenant de vaisseau Bona Christiave en 1844, tome 4, page 474. — Documents sur la partie ouest de Madagascar du capitaine Guilain, tome 5, pages 140, 206 et 342. Suite, tome 6, page 38, 145, 426 et du tome 7, page 9. — Combat livré à Tamatave, 7 juin 1846, tiré du *Moniteur*, rapport de M. Romain des Fossé. tome 7, page 150, tome 6, page 386.— L'île Mayotte, les 3 et 16 mai 1844, rapport de M. Guinard, enseigne de vaisseau; voir le tome 4, page 429, avec carte. — Rapport de M. Passot sur la grande Comore, page 126 du tome 8. — Lac de Bitume à Madagascar, tome 7, 2e série, page 379. — Émigration de Madagascar, pages 90, 234, 456, tome 7, 2e série; tome 10, g 98 — Rappor de monseigneur Dalmont, mort évêque de Madagascar. — Rapport de M. Baudais sur saint Augustin, tome 10, page 301. — Rapport de M. Alabran sur le Fort-Dauphin, tome 12, page 44. — Rapport sur Mayotte, de M. Margotin jeune, page 440 du tome 12.

Revue coloniale, page 238, tome 10, année 53, colonisation de Mayotte, extrait du *Moniteur*.

Revue coloniale, deuxième série, avril 1856. Essai sur la topographie de Nossi-Bé, sur sa constitution géologique et sur les sources d'eaux minérales qu'on y a découvertes, par le docteur Herland, page 209. Paris, chez Paul Dupont.

Revue de l'Orient, in-8, Paris, 1846.—Voyage du capitaine Martin à Madagascar, tom. 2, page 31.—Événements qui ont eu lieu à Tamatave, du 13 mai au 16 juin 1845, tome 2, page 146.—Règne de Radama, chef ova, tome 9, pages 36 et 54.—Voyage à Madagascar par le baron de Vexela.—Visite au commandant du Fort-Dauphin, tome 9, page 160.—Suite du voyage de Madagascar aux îles Comoros, page 297, tome 7. — Nossi-Bé, Mayotte, etc., page 309.— Expédition de 1829, tome 9, page 272. — Voyage à la baie de Balie, tome 9, page 237. — Utilité de Madagascar, le conseil colonial de l'île Bourbon au roi, page 161 du tome 2 et 174, en 1847. — Mayotte, Madagascar et les transports, par Stanislas d'Escayrai en 1848, page 92. — Chronique de l'île de Madagascar, 1849, page 334 du tome 5 et 395 du tome 6, 251 du tome 7. — Revue de l'Orient, 1849, page 334. — Événement de Nossi-Bé, page 395, tome 6. — Mort de Wilder, 8 mai ; le 14, 300 pirogues y débarquèrent au nombre de 5,000 Sakaalves; le 16 expédition, mort de Cotey et de Jean ; 17, attaque du plateau et défaite des Sakalaves.— Le peu d'importance qu'a Mayotte comme point de relâche et de ravitaillement, par J. d'Esc. page 252, tome 7. — Mayotte et ses ressources, par le capitaine Guilain, tome 9, page 221, en 1851. — Établissement Lastel et Rantaunay à Madagascar ; éloge mensonger fait de sa conduite et de son désintéressement patriotique, par J. d'Eschavannes, pag 75, tome 10, année 1851.

Annales des voyages, articles sur Madagascar avec les noms d'auteurs, Fresanges, tome 2, page 12. — Élévation des montagnes de Madagascar de 1,500 à 1,900 toises, Maltebrun, carte 1851, tome 2, page 5, tome 2 page 42, tome 3, page 271, tom 1, page 19, tome 1, page 233. — Bory de Saint-Vincent, Cossigny et Blancard, tome 21, Introduction, tome 2 ou II, page

38, tom II, page 12, tom 3, page 123; Milbert, tom 2, page 119 et suivantes. — La hauteur de Tannanarivou, tome II ou 2 de la 2ᵉ série, tom 14, page 112, tome 15, page 122, tom 16, page 265. — Les lacs de Louhar d'Amboule sur les bords de la rivière Sanskéri, tome 16, page 295, 2ᵉ série. — Fragments inédits de M. Epidariste Colin, tome 10, page 271. — Voyage à Madagascar, tome 41, pages 145 et 153 ; étendue de Madagascar, page 164 ; sa végétation, 165; — Funérailles de Radama, tome 44, page 322.— Voyage à Madagascar, par Antony, de Saint-Michel tome 72, page 237. — Notice par R. P. Jourdin, tome 44, pages 5 et 195. — Remarque sur l'archipel N. E. de Madagascar, par J. Duperry, tome 39, page 125. — Notice sur les Ovas, par Lokelevis, traduit et publié dans le cahier de 1840. — Géographie de Mayotte, par Malte-Brun, d'après Bonfils, bulletin de la société de géographie, tome 5, année 1853, page 170. —Mayotte, 283, tome 23. Journal of the society geographical, 1853. — Madagascar, abstrao of book relating to, 76 et seq. Madagascar, memoir by col loy, page 53, tome 20; — année 1850, Nossi-Bé, page 55, tom 20. — Note importante à lire. — Ile de Madagascar, droits de la France, etc., par d'Escharan, page 209, tome II, année 1851. — Le christianisme à Madagascar. — Voyage à Madagascar pendant les années 1823 et 1824, par Antony, de Saint-Michel, tome 16, p. 276 et 279 ; — par le R. P. Jonen, préfet apostolique de Madagascar, 1852, page 41. — Ile de Madagascar. — Lettre à lire. — Le christianisme à Madagascar, revue de l'Orient, 1852, L. Jonen, préfet apostolique de Madagascar. — Ile de Madagascar, le Bron de Vexela, page 87, 1852. — Mayotte et Nossi-Bé, p. 151, 1852; d'Escharan. — Mayotte, page 220, 1853. — Sainte-Marie de Madagascar, page 384, 1853.— La Guiane française et l'île de Madagascar, considérées comme lieux d'exportation, page 227. Colas, nouvelles Annales, tome 7, 1852.

LISTE

Des ouvrages et écrits sur Madagascar.

Histoire du grand et admirable royaume d'Antongil, en l'île de Madagascar, par J.-D.-M.-S.-O.-T., Paris 1616, roman (philosophique), et 1624, un vol. nᵒ 8.

Martin Flacourt. Histoire de la grande île africaine de Madagascar ou Saint-Laurent, in-4°, Paris, 1658.

Articles et conditions sur lesquels les marchands du royaume supplient le roi de leur accorder la déclaration pour l'établissement d'une compagnie des Indes Orientales.

Petit catéchisme avec prières du matin et du soir (par Flacourt), Paris 1657, in 8°.

Histoire et tarif de la Compagnie des Indes, Paris, 1664.

Discours d'un fidèle sujet du roi touchant l'établissement d'une compagnie française pour le commerce des Indes Orientales, par ordre de M. Colbert, fait par F. Charpentier, directeur de l'Académie française, Paris, 1664, in-4°.

S.-B. Morisot, recueil de diverses relations de l'île de Madagascar. Paris, 1651, in-4°.

Description de la puissante et célèbre île de Madagascar ou Saint-Laurent, avec un Dictionnaire de la langue malgache, par H. Mégisser, Attenburg, in-8°, 1609.

Dialogues dans la langue malaise et malgache, traduit par A. Spalding, London, 1614.

Paradoxes qui prouvent que les habitants de l'île nommée Madagascar ou Saint-Laurent, sont la nation la plus heureuse du monde, par Hamond, London, 1640.

Courte relation des grands et rigoureux supplices que l'année, dernière 1622, on infligea au Japon à 118 illustres martyrs. S.-E.-A., in-folio, 1623.

Description de la fameuse île de Madagascar ou Saint-Laurent, située en Asie, près des îles Orientales, et proposition pour y établir une colonie anglaise (R. Boothby, London, in-4°, 1646.

Madagascar et autrespoëmes, (sir William Davenant, London, in-4°, 1648.

Réponse au livre de M. Boothby sur la description de Madagascar (par Bowle Weldegave, London, Forthe Author, in-4°, 1649).

Assada, près de Madagascar, décrit impartialement par le lieutenant-colonel Robert Hunt son gouverneur, London, N. Bourne, in-4°, 1650.

Madagascar, l'île la plus riche et la plus fertile du monde, par Walter Hamond, London, in-4°, 1643.

Dictionnaire de la langue de Madagascar, avec quelques mots

du langage de la baie de Saldaigne au cap de Bonne-Espérance, Flacourt, Paris, in-8, 1658.

Histoire de la grande île de Madagascar par le sieur de Flacourt, Paris, in 4°, 1661;

Relation de l'établissement de la compagnie française des Indes Orientales, par François Charpentier, directeur de l'Académie française, Paris, chez Cramoisy, in-4°, 1668.

Découverte et description de l'île de Madagascar pour porter les Anglais à entreprendre l'habitation, par Richard Boothby, en français Loyd (en anglais) London, 1647, in 4°.—Description historique par Mégisser, en allemand Altenbourg, 1809, Leipzig, 1623, in 8°.

Voyage à Madagascar par François Cauche et Roulpx Barro, Paris, in-4°, 1658 ou 51.

Le fameux voyage de Pietro del la Valle avec un dénombrement des choses les plus curieuses des Indes Orientales, Paris, in-4°, 1661.

Description du naufrage du vaisseau l'Arnheinne de Batavia, le 23 décembre 1661, retour à Madagascar, par Simon van Kerkove, Amsterdam, in-4°, 1664.

Relation du premier voyage de la Compagnie des Indes Orientales en l'île de Madagascar, par Souchu de Renfort, Paris, in-12, 1665.

Mémoire pour servir à l'histoire des Indes Orientales et l'établissement d'un comptoir à Madagascar, et les particularités les plus curieuses des négociations des Français aux Indes, par Souchu de Renfort, Paris, in-4°, 1668.

Notes de MM. les casuistes de Sorbonne sur la Compagnie des Indes établie à Madagascar, Paris, in-4°. Camoens, les Lusiades, Madrid, 1639.

(Actes des rois Louis XIII et XIV) ou histoire générale et particulière de finances, par du Frens de Francheville, Paris, 1733, 3 vol., c'est le troisième qui contient l'historique de la Compagnie des Indes à Madagascar.

Voyage aux Indes Orientales et à la Chine, par ordre du roi en 1774 et 1781, par Sonnorat. Paris, 1782, 2 vol. in-4°, page 55 du tome II.

Milbert, voyage pittoresque à l'Ile de France. Paris, 1812, 3 vol. in-8°, avec figures, page 143.

Billard Auguste, voyage aux colonies orientales, ou lettres écrites des îles de Bourbon. Paris, Ladvocat, 1822, in-8°, page 305.

Voyage à Madagascar, à Maroc et aux Indes Orientales, par Alexis Rochon, accompagné de cartes de Madagascar et d'un vocabulaire madécasse. Paris, Pérault, an X ou 1802, 3 vol. in-8°, les deux premiers volumes.

Recueil de diverses relations de l'île de Madagascar, données au public avec les observations de EE. Moris, par Jacques et Pierre Dupuy, Paris, Courbe, 1631, 2 vol. in-4°.

Voyage dans les îles australes d'Afrique (les îles de France, Bourbon et Madagascar) par A. du Petit-Thouars.

Relation véritable et curieuse de l'île de Madagascar, par divers auteurs, et publiée par Claude Berthelin Morisat. Paris, Courbe, 1651 et 1691, in-4°.

Description des principales côtes des Indes Orientales, Madagascar, etc., (en hollandais), Lee Warden, 1716, in-4°.

Voyage à Madagascar, par Ambroise Paré. Amsterdam, 1722, in-12.

Description historique et chorographique de l'île de Madagascar, autrefois dite Saint-Laurent, par Jérôme Mégisser, Altenbourg, 1609, Leipzig, 1623, in-8°.

Lettre de commerce à M. de Lalande, insérée dans le Supplément au voyage de M. de Bougainville, par Freville. Paris, 1772.

Des merveilles qu'a vues dans le monde Marc-Paulo en ses voyages. Venise, 1496 et 1508, in-folio ; et à Cologne, 1671 in-4.

Voyage autour du monde et vers les deux pôles, par mer et par terre, pendant les années 1767 à 1776, par M. de Page, avec cartes et figures. Paris, Moutard, 1782, 2 vol., celui du pôle sud.

Narrative of a voyage of discovery to Africa and Arabia, par Botelers, London, 1836, 2 vol. in-8°.

Les voyages faits par Dubois aux îles Bourbon, Maurice et Madagascar, avec l'histoire naturelle du pays, Paris, Berbin 1674, in-12.

Notice statistique sur les colonies françaises, par le vice-amiral baron Roussin, ministre de la marine. Paris, Imprimerie royale, 1840, in-8°.

Topographie de Madagascar, par Bory de Saint-Vincent, avec carte, Malte-Brun.

Géographie de Balbi, article Madagascar.

Hilsenber et Bojer, naturaliste; voyez le journal intitulé : *Botanical Miscellanies quaterby*, esquisse sur la province d'Emirne, 1833; de Buffon, *Système de la terre*.

Le baron d'Hienville, essai sur l'île de Madagascar, 1838. Paris, in-8°.

Historique de Madagascar, 1840, la société orientale; Noël, Recherches sur les Sakalaves, 1846, in-8°. Paris.

Voyage à l'ouest de Madagascar, par le capitaine Guilain, Imprimerie royale, 1856, in-8°, avec carte, Akerman, révolution de Madagascar. Paris, 1833, in-8°.

Macé des Cartes, Histoire de Madagascar. Paris, 1846; in-8°.

Chauvot, France et Madagascar. Paris, 1848, petit in-12.

Importance et nécessité de coloniser Madagascar, par Louis Lacaille. Paris, 1848, in-8°.

Leguevelle de la Combe, voyage à Madagascar et aux îles Comores, 2 vol. in-8°, avec figure, Paris, 1846.

Louis Garneret (peintre), voyage, dans une partie de Madagascar.

Journal l'*Illustration*, 6 septembre 1845, 6e volume, article 2, l'île et ses habitants, numéro 152, 24 janvier 1846, insulte faite à la France (lettre Ranavalo) du 14 février, premier article, numéros 150 et 155, page 52, 24 janvier; — Expédition anglo-française contre Madagascar, par Adolphe d'Hastrel, voyage et découvertes de l'*Astrolabe* autour du monde, de Dumont-d'Urville; voir les 2 volumes de philologie, Paris, juillet 1834, vocabulaire malgache français et français-malgache, par de Fauberville. La langue malgache comparée à la langue malaise, par Dumont-d'Urville.

La question malgache après la question d'Orient, 1 vol. in-8°. Paris 1856, Amyot, par de Gallon de Bazray.

Caryon, Précis des événements survenus à Madagascar pendant la Restauration. Paris, 1845, in-8°.

Résumé des voyages autour du monde de Dumont-D'Urville,

illustrés par Tenré. Paris, Furne, 2 vol. in-8°, 1844 ; voy. article Madagascar, Voyage à Madagascar, par Willibam Ellis. Londres, 1839.

Lettres écrites à M. le comte de Montalivet, pair de France, ministre de l'intérieur. Vue sur l'établissement des nouvelles colonies à Madagascar, parallèle du Cafre et du Malgache, avantage de celui-ci sur la race nègre. Description physique. Madagascar est peut-être le pays de la terre le plus séduisant pour les tentatives des Européens qui voudront y porter de préférence les lumières de la civilisation, attendu qu'ils y trouveront moins d'obstacles à se communiquer l'intelligence du malgache qui se rapproche de la nôtre. Si l'on n'y a pas réussi, cela ne prouve pas qu'il soit impossible d'y réussir, etc., par Auguste Billard, voyage aux colonies orientales. Paris, 1822, in-8°., page 305.

A minitive of the Wintiston et Madagasons, in 1792, et adimd 120, in-8°, fig.

Précis, sur les établissements français à Madagascar, imprimé par ordre du gouvernement, imprimerie royale, Paris, 1836, in-8°, sous l'amiral de Rigny, ministre de la marine et des colonies.

Laverdant, Colonisation de Madagascar. Paris, 1844, in-8°.

Voir le *Moniteur* des 5 et 6 février 1846, article Chambre, discussion sur nos droits, nécessité d'une expédition, son ajournement.

Encyclopédie Didot, article Madagascar. Paris, 1852, in-8 .

Notes inédites de M. H. Bonnavoy de Premot, sur la situation actuelle de Madagascar, remise par M. le comte de Beaumont, sénateur, au président de la République française, Paris, 1852. Autres notes du même, remises par l'auteur au ministre des affaires étrangères, 1853. Epreuve d'un mémoire sur Madagascar, adressé à l'Empereur et remis à lui-même par l'auteur, le 16 décembre 1853. Carte de Madagascar et des îles environnantes, ainsi que plusieurs cartes des ports les plus importants de cette île, accompagnée du plan du village d'Emirne ou Tannanarivo, chef-lieu de la tribu ova et une carte de Nossi-Bé, 1851.

Manuel du commerce des Indes Orientales et de la Chine, île

de Madagascar, page xxiv. — Appréciation de la valeur de cette île comme colonie, et la gloire dont se couvrirait la France en civilisant Madagascar, par Blanvard, Paris 1806.

Dictionnaire de géographie universelle, t. 6, art. Madagascar, Paris 1823. Encyclopedia Britannia, v. x, page 397, art. Madagascar. Dublin, 1792.

Voyage aux îles Dauphine ou de Madagascar, les années 1669—1671—1672, dans lequel il est traité par Dubois. Paris, Claude Barbin, 1674, petit in-12, relié.

Voyage à Madagascar, par Dusaussay Carpau ; Paris, Jean-Luc, Nyon, 1722, in-12.

Voyage à Madagascar, par M. de V., commissaire de l'artillerie de France, in-12. Paris, 1722.

Extrait des voyages à Madagascar, par D. Hermilte, 1732. Mémoire du comte de Beniowski, 2 vol. in-8. Paris, 1791.

Voyage de Madagascar, par M. de V., publié par Carpau des Saussay. Paris, 1722, 2 vol. in-12.

Récit du naufrage du vaisseau Winterton de l'Inde orientale, brisé sur les côtes de Madagascar. ajouté d'une description des naturels de l'île, par Drury. London, 1729, et Edimbour, 1820, in-8, 2 vol. avec figure.

Legentil, voyage dans la mer de l'Inde, 2 vol. in-4°, Paris, 1781.

Bibliographie de Watt, lettres sur les sujets, états et ports de l'île Dauphine, en février 1668. Annales maritimes, mars 1843, (deuxième partie).

OEuvre de M. Depoivre, intendant de l'île de France. Paris, 1797, in-8.

Voyage à Madagascar, par Robert Drury. London, 1729, in-8°, avec figure.

History of the Island of Madagascar, by sauv. Copland. London, 1822, in-8,

Domingo Fernandez et Navarette, dans la collection de Churchill, 1704, Lescalier, dans les mémoires de l'Institut, 1792. Mackintosh dans sa lettre 70e, 1780.

M. le docteur Aubert-Roche, dans la revue de l'Orient, décembre.

Madagascar ou journal de Robert Drury, Londres. 1729, in-8.

D'après Menevillette, Le Neptune oriental, Paris, 1745, in-folio. Voir la partie nautique de Madagascar. Idem, 2e édition. Paris, 1745, avec figure.

Lettres concernant l'état actuel des mœurs, usages et commerce des habitants de Madagascar, par Barry. Paris, 1764, in-12.

Description de l'île de Madagascar d'après les voyageurs anciens et modernes (en allemand), insérée dans la connaissance de la litérature des pays; 1790, 12e cahier.

Voyage dans la mer de l'Inde, fait par ordre du roi, par Legentil, de l'Académie royale des sciences, imprimé par ordre de Sa Majesté. Paris, 2 vol. in-4°; c'est le quatrième qui renferme des détails sur Madagascar, pages 367 et suivantes, 628. Paris, 1781.

Helsenberg et Bojer, naturaliste, esquisse de la province d'Emirne, botanical, miscellanies quaterly, journal. Londres, 1833,

Voyage à Madagascar, par Poivre. Paris, an X, tome premier, page 173.

Le célèbre Robinson raconte un épisode de Malgache (Bultin de la société géographique, tom. 13, page 276, deuxième série.)

Histoire philosophique des deux Indes, partie de Madagascar, par l'abbé Raynal, 4 vol. in-8°. Deuxième vol., page 401 de l'édition de Paris, 1820.

Abrégé historique de l'établissement de la compagnie des deux Indes, Mercure français, janvier, 1732.

Relation de l'île de Madagascar et du Brésil (par Moreau), Barth. Morisot, Paris 1651. Africa, Arabia and Madagascar, by cap. w. F. Owen. London, 1835, 2 vol. in-8°.

Journal d'un voyage de l'Inschot dans l'Inde Orientale, par les Hollandais, traduit du hollandais par Perrier. Paris, 1598, in-4° oblong, et à Amsterdam, 1638, in-folio.

Bory de Saint-Vincent, 3 vol. in-8 et Atlas in-4°, avec 58 planches, chez Buisson, Paris, 1803.

Voir le *Moniteur*, chambre des 5 et 6 février 1846.

Douze chansons malgaches, traduites en français, par Parny.

Geographical revue London, Madagascar its castern coast, III, 212, its western coast, 214. Madagascar is afflicted with fatal malaria, particularly the province of matatane, v, 239. Comoro Island, volcane, has no water, yet abounds with cocoanuts, II,

90, de 1811 à 1820. Madagascar, researches in xvi, pp. lxxi, lxxii. Memoir of, by J. A Lloyd. esq, xx, 53. Ils names, situation and extend, ib. Produits, surface, storms, and their bars, ib. Climate and provinces, 51. Au antique in, 60. Persection of christians in, 66. Judicial proceedings in, ib., 67. Assassinations in, ib. Rivers of, 69. Table land and elevation, 70. Roads and forests of, ib. Router in, 81, 73. Notes ou maps of 74. Abstract of books and papers respecting, 75 Comoro Islânds, visit of, T. S. Leigh, esq. to the, xix, 7. Namer of, ib. Royal family of, ib. Volcanic action in the greater Island, xv, 233. Tananariva, the capital of Madagascar, its position, population, and description, xx, 64. Ill governement of, 67, Route from Tamatave to, 1. Route from Andevorande to, 91. Route from to Boina, 72. Tamatave of Madagascar Island, iii, 212. Population, ib. Larg, ou the E coast of Madagascar, v, 230. Tamatave, o town and good anchorage of Madagascar, xx, 59. Large citadel of, ib. Route from to Tananariva, 71.

Madagascar, or Robert Drury journal, etc. Londres, w. meadows, 1729. in-8°.

Relation toute récente de Madagascar, etc. — De la vie du souverain actuel, par Adrian Von-Brocke's, neuxste Nachricht von Madagascar. Leipsig, 1748, in-8°.

Madasgascar, l'ination actuelle, par Ed. Vidal. Bordeaux, 1845, page 32.

Nouvelles annales de voyages, juillet 1856. Lettre sur l'Eplornis de Madagascar. — Les Ovas, page 116.

Revue de l'Orient, géographie, population, commerce, par E. Dramart, juin, 1856. page 518.

Nouvelles annales de la marine et des colonies, 8e année, mai, 1856, n° 5, l'île Comore, page 252.

Paris. — Imp. H. Carion, rue Bonaparte, 64.

TABLE DES MATIÈRES.

www.ingramcontent.com/pod-product-compliance
Ingram Content Group UK Ltd.
Pitfield, Milton Keynes, MK11 3LW, UK
UKHW031047260726
13965UKWH00006B/679